최재목의 횡설수설

터벅터벅의 형식

최재목

지식과교양

"여름밤 헤었던 수많은 나의 별들,
그것이 나의 시 · 철학 · 인문학에 알알이 박혀있다."
- 최재목, 「별 헤는 힘」 중에서

캠퍼스에 가을바람이 들고, 마로니에 이파리가 계절을 타고 있다.
가을 소리가 들리기 시작한다. 추성(秋聲). 우주가 기울기 시작하면
세상의 모든 구석도 삐걱대고, 덜컹대고, 마디마디에 시린 바람이 들
이댈 때 견딜 마음의 채비를 한다.

이때다 싶어 나도 글쓰기를 시작하고 싶어졌다. 한 동안 잡사에 시
달리고, 논문 쪼가리나 쓴다고 진짜로 쓰고 싶던, 마음속의 글들은 미
뤄 왔다. 그럴수록 부끄럽고 자괴감이 드는 나날이었다.

생각해보니, 지난 날, 정성들여 썼던 글들이 이곳저곳 참 많이도 쳐
박혀 있었다. 찔끔찔끔 건드렸던 글들에게도 미안하고, 글자로 펼쳐졌
던 내 인생에게도 미안하고, 솔직히 그랬다.

최근 문득 누군가에게 진 빚처럼 가슴 한쪽 구석에 붙어있던 글 뭉
치를 떠올렸다. 2015년 모 지방지에, 청탁에 못 이겨서 1년 가까이 썼
던 '최재목의 횡설수설' 45편이 그것이다. 지방의 일간신문이긴 했으

나, 동양철학을 하는 나의 인문적 태도를 세간의 상황에 조응하여 펼쳐내고자 어지간히 노력했었다. 이 책은 그때 쓴 글에다, 다른 글 4편을 추가하여 총 49편으로 구성되어 있다.

칼럼 제목 가운데서 좀 있어 보이는 말로 책 제목을 정하려니 몇 가지가 어휘들이 서로 경합을 벌였다. '언어의 가시에 찔려 죽고 싶다', '희망의 인문학', "마감' 닦달의 형식', '고향의 아름다움은 상실감에 있다', "터벅터벅'의 형식', '별 헤던 힘', '푸른 달빛의 월급', "아무 꺼나' 방편주의 생각'이 그것이다. 결국 "터벅터벅'의 형식'으로 결정하였다. 그 이유는, 좀 딱딱하긴 하지만, 우리 문화 속에 숨어 있는 탁월한 문화의 밈 때문이었다. '터벅터벅'은 유행가에나 가끔 등장하는, 조금은 수줍고 부끄러워 하는 듯한 언어이지만, 이 땅에 유전해오는 관례 같은 걸음걸이, 우리 신체의 문법이다. 우리들의 아비투스이다. 터벅터벅은 오랜 역사 속에서 정착한 '초월–달관'과 '체념' 사이의 걸음걸이이다.

지면의 제한으로 단편적인 서술에 그친 것이 대부분이긴 하지만 이 책의 글들 사이 사이에는 동양과 서양, 시와 철학, 문학과 예술, 개인과 사회가 나직히 대화하고, 소곤대고 있음을 느낄 수 있으리라. 여기에는 내가 걷던 걸음걸이, 발자국, 보폭 또한 고스란히 남아있다.

나이 들어가는 일이 즐겁다. 머리 한쪽이 희끗희끗 해지는 일이 자랑스럽고, 기쁘다. 이렇게 가다보면 어느새 죽어서 흙이 될 날도 쉬이 다가오리니. 그러나 초연히, 무욕(無欲)한 눈으로 그것을 바라보는 '언덕' 하나를 가지는 일이 필요하리라. 다만 그것이 태도와 영성으로서 가진다 하더라도. 이것은 "터벅터벅'의 형식' 다음 작업인, '초연한', '무욕의 공간'인 언덕으로 이어져 완성되리라 믿는다. 내 자신이 잃어버리지 말아야 할 시심(詩心)과 맑고 정갈한 눈동자가 살아야 할 곳이 '언덕'이 되리라 믿는다.

보잘 것 없는 글들에게 새로운 생명의 길을 열어 준 〈지식과교양〉에 감사드린다.

2017년 8월 25일
시지동 목이재에서 최재목 적다

8

최재목의 횡설수설

터벅터벅의 형식

1. 잃어버린 시간을 찾아서
산다는 것은 망각의 연속 나를 버리면서 나를 채우는 자신 속으로
걸어 들어가자

내가 졸업한 시골 초등학교를 찾았다. 고향에 왔지만 부모가 떠나
고 없는 빈집 같아 망연자실 서 있었다. 그래도 무언가 내가 거기 있었
던 의미를 찾으려 안달이 났다. 맨드라미를 가꾸었던 화단, 동글동글
한 열매가 떨어지던 늙은 플라타너스 나무. 쇠 종이 걸려 있었던 지붕
의 처마 끝자락. 계란 귀신이 나온다 했던 목조 화장실의 삐걱대던 문
…. 이런 자리들은 이미 다 허물어져, 흔적조차 없다. 더듬어볼 기억의
단서마저 흐물흐물.

그렇게 컸던 건물, 넓었던 운동장…. 이제 왜 그리도 왜소해졌는지.
나의 시간과 공간은 대부분 맥락을 잃고 도망쳤다. 그 부재의 자리를
짚어내려 사진첩을 뒤적여 본다. 거기엔 동창들도, 풍경도, 건물도 건
재하다. 심지어는 날아가는 새들도 갓 피어난 꽃들도, 한 시대의 이념
과 구호도 '차렷 혹은 열중 쉬어!' 자세로 정지되어 있다. 용케 나는 사
진으로나마 나의 껍데기를 박제해두었으니 다행이다. 나의 허물은 일

단 거기 묶였다. 입었던 옷을 여기저기 벗어던지고 욕탕에 풍덩 뛰어들 듯, 나는 현재로 또 현재로 허물을 뒤로하고 열심히 도망쳐 왔다. 흑백 사진 속으로 열고 들어가는 문은 역시 기억력이다. 비밀번호 또한 기억이다. 제정신이 아니라면 말짱 도로 묵이다. 살아있다는 것은 허무를 견디는 눈물겨운 몸짓 아닌가. 아무도 대신할 수 없는 단 하나의 걸음걸이이다. 누구도 대행할 수 없는 숨 가쁨이자 언어이다. 희망이란 비관하지 않는 연습이다. 표정을 웃음 모드로 고정시키고, 마음을 가라앉지 않게 추켜세우는 기법이다. 현금 카드를 긁고 찌익- 대충 긋는 사인으로 면면 이어온 것이 내 희망의 전부가 아니던가. 그러니 다른 데를 보지 마라. 열심히 자신을 보자. 지금의 나로서 내가 바라던 것들이 현전(現前)해 있다. 그게 전부이리라. 남, 바깥은 환영이다. 빈 깡통이고, 깨진 유리조각이다. 내가 나를 바라볼 수 있는 기능들은 실제로 대부분 고장 나 있다. 한번 제대로 나의 거울을 쳐다보지 않았기에 나라는 거울은 거의 작동하지 않았다. 고작 남에게 나를 인정받는, 그래서 으쓱대는 썰렁한 일들의 연속이다. 인정받지 못할 거라는 불안감이 자신을 닦달하고 무시하고 학대한다. 내가 존재하는 근거가 결국 남이라니! 그것마저 끝내 픽션이고 뻥이라니! 처량하나 그게 현실이다. 내 평생 피눈물 나게 공을 몰고 가서 차봤자 자살골이라니 억울하지 않나. 일찌감치 자신에게 눈 돌리고 나를 사랑하며 따사롭게 돌볼 일이다. 나를 잃어버리지 않는 훈련에 충실하자.

우리는 늘 자신을 잃어버리며 산다. 산다는 것은 망각의 연속이다. 그러나 잃어버림은 또 다른 새로움을 담아내는 그릇이다. 순간순간 나는 나를 잃어버리며 새로운 나를 받아들인다. 지독하게 나를 버리며, 그 자리에, 다시 나를 채워간다. 잃어버린 나의 시간을 찾는다는 것은 자신을 응시한 눈을 감지 않는 일이다. 지상엔 영원이란 것이 없다. 순간순간 그 그림자를 좇으며 나는 살아간다. 거기서 사랑하는 법을 배우고, 희망 찾는 법을 배우고, 내일을 꿈꾸는 연습을 한다. 모든 제도와 형식은 은유이지만 '그런 척' '있는 척'하면서 길을 가리킨다. 헛걸음을 해서라도 자신 속으로 뚜벅 뚜벅 걸어 들어가라 한다. 잃어버린 시간은 그렇게 나를 버리면서 다시 나를 채워 담는 형식이다. 한 해를 보내는 그 자리가 바로 새해를 맞는 자리 아닌가.

2. 언어의 가시에 찔려 죽고 싶다
명성도 美도 허망한 것 언어의 가시 걷어내고 자신만의 언어 가꿔야

'사랑합니다. 고객님~'. 여기저기 귀에 쏙쏙 드는 달콤한 말 천지이다. 듣기 좋은 말에 생각도 달콤하다. 그곳이 낙원이다. 아름다운 언어는 우리를 별세계로 안내한다. 내면 깊은 곳의 미적 영성을 만나게 한다. 피안은 결코 이 땅을 벗어나 있지 않다. 말 한 마디에도 도피안(到彼岸)이다. 언어가 아름다운만큼 내면의 미적 영토가 현현한다.

언어를 갈고 다듬는 일은 시인 문학가만의 일은 아니다. 누구나 살아있는 동안 자신만의 언어를 가꿀 수 있다. 자신만의 세계를 확보하는 일이다. 거기에 자신의 영혼을 단단히 정박시킬 수 있다. 기대고 머물 안식처이자 항구이다. 장미 꽃잎 같은 언어. 그 넝쿨은 자신의 내면을 넘어 얼굴에서 만발한다. 그 가시에 찔려 죽어가는 일은 얼마나 황홀할까. 한 여인에게 장미꽃을 꺾어주다가 진짜 장미가시에 찔려 죽은 시인, 릴케. 그의 책들을 읽는다. 51세로 마감한 그는 여행을 통해 많은 영감을 얻었다. 연인 루 살로메에게 '말에서 내팽개쳐진 채 안장

에 매달려 떠나온' 사람 같았다고, 자신이 이집트 여행 중이었음을 애써 알린다. 1910년 말에서 1911년 초까지 대략 네 달 반 정도의 이집트 여행. '동방적'인 것을 통해서 서구인인 자신을 성찰한다. 적당한 '거리'에서 다양한 문화에 눈뜬다. 「에크나톤 태양의 노래」에서 말한다. '각자는 자신의 소유를 가지고 있고,/그들의 명은 정해져 있다./그들의 혀는 서로 다른 언어를 말하고,/그들의 모습과 피부색도 서로 다르다./그렇다, 너는 인간들을 구분해놓았다.'(「모든 창조」) '수많은 눈꺼풀 아래', 표면이 아니라 겹겹 검붉은 이파리에 쌓여 깊은 곳에 숨은 '누구의 잠도 아닌 즐거움'을 그는 묘비명에 적었다. "…아 순수한 모순이여…그토록 많은 눈꺼풀 아래 누구의 것도 아닌 잠"을. 아름다운 언어의 손길로, 세상의 순수한 몸짓을 일으켜 세우고자 하였다. 미적 안목의 글쓰기-말하기로 절정에 당도하려는 것이다. 릴케가 쓴 『로댕』의 첫 구절이다. "명성을 얻기 전 로댕은 고독했다. 그리고 나서 찾아온 명성은 아마도 그를 더 고독하게 했을 것이다. 명성이란 결국 하나의 새로운 이름 주위로 몰려드는 모든 오해들의 총합에 지나지 않기 때문이다." 한참동안 그의 언어에 감동한다. 그렇지! 명성이란 결국 '새로운 이름 주위로 몰려드는 모든 오해들의 총합'이잖아! 릴케는 말을 더 보탠다. "…평원이나 바다를 무엇이라 명명할 수 없듯이, 이름 없는 것…지도에서나 책 속에서, 사람들 사이에서나 이름을 갖는 바다가 실제로는 그저 넓음이요, 움직임이며, 깊음일 뿐인 것처럼." 우리들의 언어가 허망하듯, 명성도 아름다움도 결국은 허망한 것이다. 『금강경』에서 "나(여래)를 형상이나 소리나 색깔로 만나려는 자는 이단"이라고 몰아붙이듯, 언어가 지시하는 영토는 끝내 지상에는 없다.

　장미 꽃잎의 눈꺼풀에서 돋는 언어의 가시를 생각해본다. "지는 꽃잎이 가만히 나를 쳐다보고 있다/나는 그 눈동자 앞에, 아무 까닭도 없이 서 있고/까닭도 없이 운다/지옥과 천국, 그 어디에서도 가질 수 없는/아픔과 기쁨이/아무 것도 바라지 않는 고요 속에서 그저 눈을 껌뻑거리고 있다"고. 수많은 사람과 사물을 어루만지는 '손'이자 '혀'인 언어. 그 아름다운 가시에 찔려 죽어갔으면 한다. 험한 세상 험악한 음성뿐이니, 그것도 괜찮겠다.

3. 바깥세상은 참 재미없어졌다

스마트폰 블랙홀에 빠질수록 바깥세상과의 교류는 더 줄어 가끔 폰 끄고
오프라인 교류도

카톡은 절간이나 교회처럼 멋있고 고귀해졌다. '까똑...까똑...까까까
까까똑⋯'하며 울어대는 소리는 천상의 목소리다. 다양한 이모티콘은
희노애락애오욕을 표현하는 수단이다. 미세한 느낌과 감정을 생생한
표정과 제스처로 금방 둔갑시켜준다.

그럴수록 눈앞의 바깥세상은 참 재미없다. 사람들은 별로 서로를
쳐다보려 하지 않는다. 앉으나 서나 거시기 생각뿐. 거시기가 손에서
멀어질까 안절부절. 일부러 만난 모임, 명사를 초청한 강연회에서도
그렇다. 모두 바깥을 눈 여겨 보지 않는다. 귀담아 듣지도 않는다. 그
냥 가만히 고개를 숙이고 각자 늘 하던 그 무언가를 열심히 하고 있
다. 회사도 국회도 마찬가지이다. 틈만 나면 사람들의 시선은 슬금슬
금 무릎 위의 스마트폰으로 도망친다. 세상이 재미없어 그럴 수도 있
겠으나, 이런 풍조가 세상을 더 재미없게 만들기도 한다. '구글학교-
구글대학' 그곳의 지식정보가 곧 바이블이고 복음이고 스승이다. 모

두 그쪽으로 달려가 머리 숙이고 예배한다. 이런 식이라면 우리 학교, 우리대학들은 거의 망한 거나 다름없다. 스마트폰으로 검색되지 않는 무엇, 의사소통되지 않는 누군가는 없는 것과 같다.

'벼는 익으면 고개를 숙인다'고 했지만, 이제 그렇게 가르치지 않아도 된다. 전국민이 자연적으로 고개를 숙이게 되었다. 유교의 가르침 덕이 아니라 기술과 기계 발달의 힘이다. 지금 이 시간 삼천리 방방곡곡 묵묵히 고개를 떨군 저두족(低頭族)들은 과연 희망인가 절망인가. 나는 긍정도 부정도 하고 싶지 않다. 흐름은 흐름대로 중요하니 일부러 거역할 필요도 거품 물고 찬양할 생각도 없다. 다만 분명한 것은 세상의 재미가 쏠쏠 스마트폰에서 나온다는 점이다. 이 물건 하나만으로 웬만한 지식정보는 커버할 수 있다. '나는 검색한다, 고로 나는 존재한다!' 검색 하나로 삼천대천세계가 손끝에서 생주이멸한다. 고대적 '유붕자원방래(有朋自遠方來), 불역낙호(不亦樂乎)'는 이제 전지구적으로 연결되는 벗—지식정보의 즐거움으로 바뀌었다. '검색'이 '사색'을 넘어섰기에 반가사유상(半跏思惟像)이 언젠가 반가검색상(半跏檢索像)으로 바뀔 지도 모른다. 백남준은 'TV부처'라는 작품을 남겼지만 그때 만일 스마트폰이 있었다면 '스마트폰부처'도 만들 수 있었으리라.

그나저나 스마트폰이 없으면 세상이 참 재미없을 사람들이 점점 많아져서 걱정이다. '교자졸지노(巧者拙之奴)'. '교묘한 것은 졸렬한 것의 머슴'이라 하였다. 기계는 점점 더 교묘해지고, 그럴수록 인간의 처지는 점점 더 졸렬해진다. 졸렬한 인간이 교묘한 기계를 부리는 것은 일단 좋다. 문제는 그 반대의 경우이다. 인간이 기계의 머슴이 될 때 말이다. 어느 장소이든 공적 영역들이 대부분 스마트폰에 흡수되어버렸다. 그 블랙홀에서 우리의 공공 영역은 실종된다. 공중전화도, 공공적 대화 장소도 점점 줄어든다. 개개인이 온라인을 통해 세계를 만나는 일은 더 쉽고 더 확대되었으나 오프라인의 건강한 교류는 더 줄어들고 더 힘들어졌다. 온라인에서 우리들이 점점 즐거워하는 동안 바깥세상은 점점 더 재미없어진다. 활기를 잃고 맥이 빠진다. 몸은 유연성을 잃고 전자파는 얼굴은 감싼다. "새파랗게 젊다는 게 한밑천인데 째째하게 굴지 말고 가슴을 쫙 펴라"는 노래는 부르지 못한다. 가끔 폰을 끄자. 그리고 그 너머로 행군해가자. 두 발로.

4. 생각을 말자해도

사(思) · 고(考) · 상(想) · 념(念) 등 한자처럼 생각 뜻하는 글자 많아. 삶
이란 생각 여행하는 것

"…아아아 야속타 생각을 말자해도 이렇게 너를 너를 못잊어 운다
…" 생각을 말자해도 생각은 난다. 막을 수가 없다. 생각한다는 것은
살아있다는 증거이다. 데카르트의 '코기토 에르고 숨(Cogito, ergo
sum)-"나는 생각한다. 고로 나는 존재한다"는 말을 애써 끌고 올 필
요는 없다.

"그대 무얼 생각는가(問汝何所思)/생각는 건 저 북쪽 바닷가(所思
北海湄)/생각하면 오래 오래 더 그칠 줄 몰라(思之愈久愈不止)/까맣
게 혼은 그저 타들어갈 뿐(黯然銷魂而已矣)/혼은 이미 다 타버렸지만
다시 생각나(魂旣銷盡思不休)…" 조선 후기 학자 김려(金鑢)의 시이
다. 32세 때 그는 함경도의 부령이라는 바닷가 마을에서 유배 생활을
하는데, 생각을 말자해도 그칠 줄 모르는 사랑하는 이를 향해 까맣게
타던 속내를 털어놓았다. 배호가 부른 '검은 나비'와도 닮았다. "눈을
감고 안 보려 해도 그 얼굴을 다신 안 보려 해도 마음관 달리 안 보고

는 못 견디는…달빛 없는 밤에 어두운 밤에 나래를 펴는…"

사람들은 누구나 생각이 많다. 마치 눈동자가 몸의 균형과 안전을 확보하기 위해 끊임없이 움직이듯 요동친다. 우리말로 '생각한다'고 하나 한자로는 해당 글자가 너무 많다. 그만큼 사람들의 내면이 복잡하며, 생각의 형식과 내용이 일정하지 않다는 뜻이다.

우선 들 수 있는 것이 '사(思)'이다. 능동적 주체적으로 온갖 사물을 살피고 떠올리는 마음의 활동이다. 이 점에서 주어적이고, 자동사적이다. 기본적으로 '정감적'인 마음의 활동이나 머리가 지끈지끈 아플 깊은 고뇌로 이행하기 마련이다. 특히 생각하는 대상이 이것저것이 아니라 하나로 명확해져 에너지가 거기에 쏠릴 경우 이지적인 사유로 바뀐다. 이것이 '고(考)'이다. 또한 마음속에 어떤 형상을 떠올려서 그 모습을 생각하는(imagine) 것을 '상상(想像)'이라 한다. 그렇다. 자유롭게 어떤 모습을 창출해내는 공상 · 환상(fancy)이 '상(想)'이다.

이어서 '염(念)'은 어떤 대상에 따라 붙어 마음 깊은 곳에서 염원하는 것을 말한다. 따라서 '타동사적'이다. 위의 사(思)는 특정 대상에 따른 작용이 아니다. 이에 비해 '염'은 특정 대상에 대응하여 관계가 형성되었으며, 그것에 진심으로 '빌고 바라는'='염원하는' 것을 말한다. 간절히 항상 생각하는(常思) 것이다. 눈앞에 마주한 모든 것에 대해서가 아닌, 특정 대상을 잊지 않고 염두에 두고 늘 생각하는 것이다. 누군가를 사랑-사모하는 것이 아니라 특정 대상에게 끊임없이 마음속으로 염원하는 것이다.

'회(懷)'는 그 사람의 모습을 떠올리며 생각하는 것. 원래는 죽은 사람을 떠올리며 눈물을 머금고 그리워하며 생각하는 것이었다. 우리는 기억 속에서, 기쁨과 슬픔과 아픔 등등의 회한(悔恨)을 품고서, 이미 죽은 과거의 사람과 만난다. 따라서 '회'는 미래가 아니라 오로지 과거로 향하는 생각이다. '회고'이다. 다만 과거를 껴안고 있으나 가끔 미래로 시선이 향하는 경우가 있다. 그래서 과거가 미래로도 연결된다. 이것을 '억(憶)'이라 한다. 추억(追憶)과 기억(記憶) 속에는 홀연 '억측(臆測)'이 들어선다. 과거의 경험을 통해서 미래를 해석하려는 것, 그것이 바로 '희(希)와 망(望)' 아닌가. 생각을 말자해도 마음은 과거로도 미래로도 향한다. 삶이란 그런 것이다.

5. 정치, 고갱이를 뽑아 대서야
자신의 부귀영화 쫓기보다 시민들 어려운 삶 볼 수 있는,
눈동자 맑은 정치인 많아야

초등학교 때 십리 길을 걸어 다니며 참 많은 고갱이를 뽑아댔다. 길 가에 목을 빼든 풀들의 모가지를 비틀어 쏙쏙 뽑아댔으니 정말 참회할 일들이었다. 세상의 모든 고갱이는 살려고 바둥대는 몸부림. 생명의 간절한 뜻(意) 아닌가.

그런데 "세상 정치가 곡식 고갱이 뽑는 짓 아닌 것이 없지."『맹자』의 송인알묘(宋人揠苗) 대목을 두고 이렇게 내뱉은 사람도 있다. 함석헌이다. 주나라에 망한 은의 후예들이 살던 땅 송나라. 그래서 그들은 늘 바보 취급을 받았다. 덜 떨어진 인간들을 비유할 때 꼭 "송나라 놈들 같으니"란 딱지가 붙는다. 벼의 고갱이를 쏙쏙 뽑아놓고서 땀 흘리며 "참 수고했다" 생각하나, 결국 벼는 다 말라죽었다. 정치라는 것이 이처럼 백성들의 고갱이를 뽑는 일은 아닌지. 함석헌은 정치한다고 쏘다니는 일에다 측은한 이야기를 하나 더 보탠다. "천하에 정치한다는 것들, 제(齊) 나라 놈 같이 제 처, 제 첩들이 몰래 울지 않을 것들 없

27

지!"

『맹자』에 나온다.「제나라 사람으로, 아내와 첩을 데리고 사는 자가 있었다. 그 남편이 밖으로 나가면, 언제나 꼭 술과 고기가 물리도록 실컷 먹고 돌아오곤 하였다. 그 아내가 같이 음식을 먹은 사람이 누구냐고 물으면 모두 돈 많고 벼슬 높은 사람들뿐이라 했다. 그의 아내가 첩에게 말하였다. "주인이 밖으로 나가면, 술과 고기를 물리도록 먹고 돌아오는데, 음식을 같이 한 사람이 누구냐고 물으면, 모두 돈 많고 벼슬 높은 사람들뿐이라 하네. 그런데 여태껏 잘난 양반 코빼기도 못 보았네. 내가 주인이 어디 쏘다니는지 몰래 뒤쫓아 가 보겠네." 아침에 일찍 일어나 가는 곳을 밟아 보니 남편이 온 장안 어디를 쏘다녀도 누구 하나 함께 서서 말을 건네는 자 없었다. 마침내 동쪽 성문 밖 묘지의 산소에 제사지내는 사람에게 가더니 그들이 먹다 남은 것을 구걸하였다. 그것도 부족하면 다시 돌아보면서 다른 데로 가곤 하였다. 이것이 그가 물리도록 음식을 얻어먹는 방법이었다. 그의 아내가 돌아와서 첩에게 알린다. "주인이란 우러러 보면서 평생을 살 사람인데, 지금 우리의 주인은 이런 꼬락서니라네." 아내와 첩은 함께 남편을 원망하며 안마당에서 서로 울었다. 남편은 이런 줄도 모르고 자랑스럽게 밖에서 돌아와 아내와 첩에게 제법 거들먹댔다. 맹자가 한마디! "군자의 눈으로 볼 때, 남자가 부귀와 이익과 영달을 구하는 방법치고, 그의 아내와 첩이 부끄러이 여기지 않고, 또 서로 울지 않을 사람 거의 없을 것이네!" 정치한답시고 나부대는 일이 얼마나 눈물겨운 짓인가. 딱 꼬집었다. 맹자는 또 지른다. "가슴 속이 바르면 눈동자가 맑고, 그렇지 않으면 눈동자가 흐리다"고.

판소리 '춘향가' 중에 어사가 출두하는 장면. 그의 입에서 터져 나오는 시 한 수. 등골이 서늘하다. "금준미주천인혈(金樽美酒千人血 금동이의 맛있는 술은 뭇사람들의 피요), 옥반가효만성고(玉盤佳肴萬姓膏 옥소반의 맛있는 안주는 만백성의 기름이라), 촉루락시민루락(燭淚落時民淚落 촛농 떨어질 적 백성들의 눈물 떨어지고), 가성고처원성고(歌聲高處怨聲高 노랫소리 높은 곳에 백성들의 원성 또한 높더라)" 정치하는 사람은 눈동자가 맑아야 한다. 그래야 백성들의 이런 '피눈물'이 바로 보인다. 지금 국민들을 눈동자를 '똑 바로' 쳐다보라! 어디 살만한가?

6. 양가론(兩可論)의 똘레랑스

진보 · 보수, 여 · 야당 분쟁 A아니면 B라는 양 극단 탓 개인이 살아야 나라가 살아

지금 상자 속에 갇힌 우울한 미스터 대한민국씨를 생각한다. 밖을 내다볼 수도 없고 전망을 상실한 그에게 나는 별 할 말이 없다. 한 마디로 서글프다. 눈만 뜨면 진보와 보수, 여당과 야당이라는 두 패거리 집단이 사흘이 멀다 찌지고 볶는다. 이런 양극의 사유에 갇힌 우리네 영혼들이 불쌍하다. 이상(李箱)은 소설 『날개』에서 "박제가 되어버린 천재를 아시오?"라는 말을 내뱉었다. 일제강점기에 시, 소설, 수필 그리고 건축 설계 방면에까지 시선이 닿아 있던 융합적 작가 '이상(李箱)'은 필명이다. '상'은 '상자=박스'이니 '이 상자=박스'이다. 그는 그것도 모자라 박제라는 이미지를 더한다. 애당초 날개는 펴보지도 못하게 된다. 우리 사회 꼬라지가 이렇다. 날아야 할 날개는 상자 속에서 쳐박혀 박제가 되어있다.

원효는 '이변이비중'(離邊而非中)이라는 말을 남겼다. '이변'이란 '양 극단'을 벗어나는=떠나는 것을 말한다. 문제는 여기부터이다. 양

30

극단을 벗어난다고 하면 우리 뇌는 바로 '중도' 개념으로 향한다. 그러나 극단을 벗어난다는 말이 별도로 상정한 '가운데'가 '아니다'라고 대못을 친다. 퇴로를 차단한다. 양극단이니 중도니 하는 개념들 자체가 우리들이 만들어낸 허상이고 픽션 아닌가. 모두 허망한 잡념, 잡음들이다. 이런 허접한 생각쓰레기를 걷어치운 바로 그 자리에 진정한 세계가 가득 차 있다. 양 극단의 칼날들을 두들겨 패서 '가운데'로 몰아간다는 것도 대안이 아니다. 본래 자연에는 이쪽도 저쪽도, 그 사이의 중간이란 것도 없다.

이 땅에 살면 참 곤혹스럽다. 배운 놈이건 안 배운 놈이건 A아니면 B라는 이분법을 짊어지고 다닌다. 작두 같은 틀에 몸서리친다. 나는 나를 위해 살고 싶지 어느 편에도 서고 싶지 않다. 누구의 손도 들어주고 싶지 않다. 나는 나의 편이지 다른 누구의 편이 아니다. 미안하다. 어느 한편에 빌붙어 떼 지어 몰려다니며, 밥 먹고 술 마시고 노래하는 그럴 시간이 나에게는 없다. 생각의 편당을 갈라 패거리로 사는 사람들의 뇌 속은 아마 불만과 불안으로 가득하리라. 혼자서는 우뚝 서지 못한다. 늘 불안한 눈은 그 무엇에 맹목적으로 빙의되어 있다. 이런 패거리 향촌질서 속에 살고 있는 우리에게 니체의 조언은 눈물겹다. "이 세상에는 다른 어느 누구도 아닌, 오직 너만이 걸어갈 수 있는 길이 있다. 그 길이 어디로 이어지고 어떻게 걸을 것인가? 누군가에게 의지하지 마라. 또한 묻지 말고 그저 걸어가라. 그 길은 네가 가기 전에는 형태도 존재도 없다. 오직 네가 걸어감으로써 위대한 길이 될 수 있을 뿐이다. 나아가 묻지 말고 걸어라. 자신의 길이 어디로 향하는지 모를 때, 사람은 가장 강하게 분발하는 법이니까."

미스터 대한민국씨는 양 극단 어딘가에 칩거하도록 만드는 자폐적 사유의 틀부터 쓸어내야 한다. 그 자리에 전망이 나타나는 법. 일단 모든 문을 활짝 열어 두어야 한다. 나도 허하고 남도 허하라! 모두 관용해야 각 개인이 튼튼해진다. 개개인의 판단이 살아나야 나라가 산다. "상반되는 것이 동시 성립하는 것을 양가라고 한다"(相反而相成謂之兩可)는 양가설(兩可說)에 눈길을 돌린 근대의 지식인이 있었다. 모든 것을 허하라는 양행론(兩行論), 우리 속의 똘레랑스 전통 아닌가.

7. 희망의 인문학

우주의 시공 속에 사는 삶, 한 생각 생각이 청정하면 머무는 곳 마다
극락정토

가을의 서녘 하늘은 왠지 차가운 듯 따스하다. 아미타불(阿彌陀佛)
생각이 나서다. 무한한 목숨(無量壽)과 무한한 빛(無量光)인 그분은
오랫동안 수행하여 10겁(劫) 전에 이미 부처가 되어 서녘 저 '극락(안
락)'이라 불리는 정토에서 설법을 하고 계신단다. 이분을 만나려면 지
금 여기서 서쪽으로 십만 억(현대의 숫자 계산으로 친다면 십만 조)
개의 정토를 밟고 지나서야 닿을 수 있단다. 내 발로 걸어서 가기에는
너무 아득하다. 포기하는 것이 맞다. 아, 이런 식이라면 도대체 우리는
언제 가고 싶은 곳에 가 닿을 수 있으랴. 그러나 아니다. 단 한 번이라
도 그분의 이름을 외치기만 하면 마음속에서 바로 만날 수 있다. 간절
한 믿음과 소망은 무한을 뛰어넘기 때문이다. 찰나 우주를 생각하면
서 우리는 우주의 시공간 속에 있다. 무한을 마음속에서 경험한다. 눈
감고 누워서 유럽에도, 달에도 별에도 다녀오듯이 아미타불 거처의
방문턱이 닳아빠지도록 왕래할 수 있다.

미륵보살은 56억 7천만년 뒤에 오실 준비를 하고 계시는 미래불이다. 이 분이 오시기를 기다리려면 자그마치 56억 7천만년을 기다려야한다. 그동안 고독 속에서 "헤일 수 없이 수많은 밤을" 견뎌야 한다. 우리의 수명을 생각한다면 현생에서는 기다릴 생각을 말아야 한다. 아니 차라리 죽어서 그분을 만나는 게 나을 것 같다. 그러나 아니다. 간절한 소망과 믿음이 있다면 살아서 언제든지 그분을 접견할 수 있다. 유식불교에서는 보살이 마음(識)을 닦아 지혜(智)로 전환하여 성불하는 데 자그마치 세 단계의 아승기겁 '삼아승기겁(三阿僧紙劫)'이 걸린단다. 아승기는 무량의 숫자이다. 겁이라는 것도 그렇다. 즉 단단한 바위산을 누군가 부드러운 천으로 100년마다 한번 씩 와서 스윽 스쳐서닳아 없어지는데 걸린다는 시간이다. 도저히 상상할 수 없는 수행의기간 아닌가. 그러나 그렇지 않다. 누구나 미망에서 벗어나 깨달음에이르면 단박에 이 몸으로 그 영원을 건널 수 있다. 무한이라는 시공간관념도 우리들의 덧없는 분별이고 환영이다.

공자는 아침에 도를 들으면 저녁에 죽어도 좋다(朝聞道夕死可矣)고 하였다. 진리(도)에 접하는 순간 이미 영원에 들어서게 되니 세속적인 의미의 죽음이 이 몸에 손댈 수 없다. 진리에 든다는 것은 영생이라는 무한의 시간에 눈 뜨는 것이다. 서양에서는 인간이 생로병사에서 경험하는, 해가 뜨고 지는 식의 지속적인 시간을 '크로노스'라 하고, 선택과 결단, 자각으로 만들어지는 주관적, 의식적인 시간을 '카이로스'라고 한다. 전자는 인간이 관리 불가능한 시간이고 후자는 우리들이 마음먹기에 따라 달라질 수 있는 시간이다. 불교에서 말하는 무량의 시간은 카이로스 차원이다. "가도 가도 끝이 없는 고달픈 길 나그네 길"처럼 살아 있는 가운데서도 우리는 순간순간 아승기겁을 경험한다. '염념보리심, 처처안락국((念念菩提心, 處處安樂國)'이라 했다. 한 생각 생각이 청정하면 머무는 곳마다 극락정토라는 말이다.

희망을 갖는다는 것은 고통스런 일이다. 아픔과 상처를 달고 살아가면서, 가끔 고개를 들어 맑고 푸른 하늘을 쳐다보는 연습이다. 우리는 비극의 한복판에서 희극을 생각한다. 그래 희망은 있는가? 있다고도 할 수 있고 없다고도 할 수 있다.

8. 자본주의 돈이 최고

자본주의 돈이 최고라 해도 만물과의 교감 못 빼앗아가.
삶은 받고 또 보내는 연습

資本主義墩已最高(자본주의돈이최고). 대전의 어느 유명대학 벽에 적힌 글귀이다. 누가 일부러 써놓은 것이다. 학생들은 한자를 잘 모르니 그냥 지나친다. 하지만 좀 읽을 수 있는 사람은 금방 무슨 뜻인지 알 수 있다. 하필 이 글귀를 적은 이유는 무엇일까. 물어볼 데도 없고 혼자 며칠을 생각해보았다. 그래, 자본주의 시대에 돈이 최고이지! 돈을 싫어하는 사람이 있을까. 오죽 세상이 돈에 목말랐으면 대학 건물의 벽에다 이런 글귀를 써두었겠나. 개인도 돈, 사회도 돈, 대학도 돈, 모두 '돈, 돈, 돈'이다. 어차피 돈 버는 방법을 배우러 대학에 온다면 '돈 되는 ○○학' '대박 ○학' 뭐 이런 식으로 과목을 다 바꿀 수도 있겠다.

아는 사이에 보통 주고받는 말이 '대박나세요!'이다. '돈 많이 벌어, 잘 먹고 잘 살아라'는 덕담이다. '대박, 대박'하고 외치는 이 시대는 '배고픈 소크라테스'를 원치 않는다. 누구나 '배부른 돼지'를 원한다. 이

36

점에서 우리는 영락없이 '돼지들의 왕국'에서 살고 있는 셈이다. 이 왕국에서는 목숨 빼놓고 돈으로 안 되는 것이 거의 없다. 그리고 '비싼 것=있어 보이는 것'을 좋아하고 '싼 것=없어 보이는 것'을 싫어한다. 멀쩡한 것도 싫증나면 버리고 새것으로 바꾼다. 자본주의 사회의 미덕은 자꾸 새로 바꾸고 자주 버리는 일이다. 젊고 활기찬 세대를 칭송하여 싱싱한 자본의 흐름을 추동해 가야한다. 헐렁하고 축 처진 것보다는 탱탱하고 날씬 한 것을 우상화한다. 닳아빠지도록 신고, 낡아빠지도록 입는 것이 줄어들었다. '검은 머리가 파뿌리가 되도록 산다'는 관념도 사라졌다. 바꾸고 헤어지는 일이 대수롭지 않은 세상이니 아마 황혼이혼도 늘어나는 것이리라. 더 닳거나 낡기 전에 새것으로 바꾸려는 의식과 무관하지 않은 것 같다.

어제 서울 출장 중에 10년 이상을 써 왔던 노트북이 죽었다. 오랜 시간을 나와 함께한 노트북이 숨을 거둔 것이다. 나에게 충성하다 노동 중에 순직하였다. 제법 덩치가 있고 묵직한 그놈의 시신을 앞에 두고 나는 슬퍼하였다. '아, 이럴 수가! 네가 황급히 떠나다니…' 착잡한 마음으로 급히 수리센터에 들렀지만 교체할 부품이 끊겨 더 이상 살릴 방법이 없단다. 이참에 새것으로 바꾸라 한다. 그야 어려울 것 없지만, 무생물도 정이 드니 떠나보내기가 어려운 것이다. 먼지 끼고 손때 묻은 노트북을 다시 가방에다 넣고 계단을 내려서는 마음이 참 무거웠다. 생명체(유정)만이 아니라 비생명체(무정)도 삶이 있다는 생각을 하게 되었다.

오래 전의 일이다. 10여년을 타고 다녔던 차가 주저앉고 말았다. 길가에 세워두었다가 폐기절차를 밟았다. 트렁크에 실린 짐을 마지막으로 깨낸 뒤 업자는 차를 끌고 갔다. 그 낡고 찌그러진 뒷모습을 쳐다보다 나는 그만 울컥 눈물을 흘리고 말았다. 내 삶의 주요 부분을 잃은 것처럼 차가 떠난 고개 너머를 한참동안 바라보고 있었다.

　살아있다는 것은 끊임없이 흐느끼는 일이다. 무언가를 끊임없이 받아들이며 또 떠나보내는 연습이다. 누군가의 말씀이 책 속에 들어있듯 물건 속에도 의미가 들어 있다. 그 의미는 물건의 진신사리이다. 사물을 매만진다는 것은 그것의 영혼에 닿는 일이다. 아무리 '자본주의 돈이 최고'라 하더라도 만물과의 깊은 교감마저 앗아갈 수는 없는 것이다.

9. '마감' 닦달의 형식

마감 시한을 맞추다 보면 삶을 정리하는 탐구가 되고 중요한 공부 형식도 된다

신청마감, 청약마감, 원서마감, 원고마감…. 휴, 살아오면서 수도 없이 듣는 말이 '마감'이다. 한자로는 '磨勘'이라 쓴다. '갈다'는 뜻의 마(磨) 자와 '헤아리다/조사하여 따지다'는 뜻의 감(勘) 자를 합친 것이다. 옛날 중국에서 '관리의 근무 성적을 심사하는 것' 또는 '향시(鄕試)·회시(會試)의 답안을 재심사하는 것'을 말한다. 그런데 마감의 뜻을 찬찬히 헤아려 보면 그리 간단하지 않다.

우선 마감은 '더 이상은 넘어갈 수 없는 한계선' 즉 '데드라인(deadline)'을 뜻한다. 글 쓰는 사람들은 늘 빚쟁이처럼 마감 시간에 쫓긴다. "마감이 언제인가요?"하고, 원고청탁을 받을 땐 으레 묻는다. 하지만 그게 어디 뜻대로 되던가. 대부분 마감 직전에서야 겨우 원고를 끝낸다. 더러 그 시한을 훌쩍 넘겨 버리기도 한다. 그럴 때마다 당연히 독촉 전화나 문자가 온다. 마음이 더 급해진다. 바쁜 탓에 깜빡했거나 그 순간까지 아예 손을 못 대고 있을 경우도 있다. 그럴수록 아예

느긋해질 때도 있다. 세월아 네월아 하는 용기마저 생기기도 한다. 내가 원고 독촉을 할 입장이 되었을 때 더러 배째라는 식으로 버티는 분들도 많았다. 속이 탄다. 그래도 그 글을 받으려면 꾹 참고 대책 없이 기다려야만 한다. 그나마 글이 나오면 천만다행. "아, 도저히 못하겠습니다. 죄송합니다!"하며 중도에 포기하는 수도 있다.

또 하나의 예가 있다. 마감공사, 마감작업, 마감재료…처럼 하고 있던 일을 잘 다루어 '끝맺음' '마무리 함'을 뜻한다. 미용에서 하는 마지막 손질인 '피니쉬(finish)'와 같다.

마감이 사람의 삶에 적용되는 경우도 있다. 정해진 목숨이 끝나는 경우 '삶을 마감하였다'고 한다. 이때의 마감은 죽음을 맞이함 즉 '임종(臨終. death)'을 가리킨다. 이쯤에 몽테뉴의『에세이』서문 마지막 구절이 생각난다. "이 책을 읽는 이여, 여기서는 나 자신이 바로 내 책의 재료이다. 이렇게도 경박하고 헛된 일이니, 그대가 한가한 시간을 허비할 거리도 못될 것이다. 그러면 안녕." 글쎄, 서문에다 '그러면 안녕'이라고 적는 경우도 있나? 황당하다. 그러나 참 인간적이다. 몽테뉴는 서문 속에 '내가 세상을 떠난 뒤에(오래잖아 그렇게 되겠지만)…'라고 적어두었다. 이 구절을 염두에 둔다면 '그러면 안녕'이라는 것은, 짧은 그러나 쿨한 작별인사인 셈이다. 임종을 고하는 말이 장난기 어린 듯 밝다. "굿바이 굿바이 그 인사는 정말 싫어/굿나잇 굿나잇 그 인사도 나는 싫어"라고 노래한 배호의 '굿바이'와는 다르다.

마감에는 더 특별한 뜻도 있다. 청나라 때의 양명학자 황종희(黃宗羲)가 편집한『명유학안(明儒學案)』속에는 왕시괴(王時槐. 호는 당남 塘南)의 학문을 평가한 대목이 나온다. "팔십년마감지차(八十年磨勘至此)" 운운하는 구절이다. "80년을 마감하여서 여기에 이르렀다"는 뜻인데, 이 경우의 마감이란 '학문의 이치를 탐구하다'는 것. 그렇다. 마감 시한을 맞추다 보면 안다. 산더미 같은 생각들이 오히려 한계라는 압박 속에서 간단명료해지고, 무엇을 쓸 것인가라는 막막함이 시간과 분량의 제한에서 잘 정리된다. 마감은 삶의 탐구인 셈이다.

마감이라는 감독이 나를 관리하고 있다. 수도 없이 나라는 삶의 내용을 줄이고, 다듬고, 따져댄다. 마감은 닦달이자 그 자체로 중요한 공부 형식이다.

10. 반타작만 하자

자신을 위한 가을걷이는 자신만의 새로운 설계이니 즐거움에서
이루어져야

"내 인생의 반은 그대에게 있어요. 그 나머지도 나의 것은 아니죠
…." 민해경이 부른 '어느 소녀의 사랑이야기'를 부르며 시골의 가을
들판을 걷는다.

그렇다. 내 인생의 반은 이미 땅에 묻었다. 대지에 흩뿌렸다. 그 나
머지는 허공 속의 장난, 잡사에 바쳤다. 서정주 시인이 '아비는 8할이
바람'이었다고 하듯, 조선 땅의 수컷들은 가을이 더 슬프다. 수확물을
인간에 바치는 대지처럼, 등골을 빼 가족에게 다 바쳐왔다. "타관 땅
밟아서 돈지 십년 넘어 반평생…"처럼 지상의 모든 길손들은 이쯤에
서 한풀 꺾인다. 무릎에 바람이 술술 새고, 다리는 삐거덕거린다. 이것
이 끝이 아니다. 또 꺾이고, 더 꺾인다. 그래도 당당하게 웃으며 가을
따라 깊어져 겨울로 가야만 한다.

모든 것에는 제철이 있다. 그 대목에서 찬란히 빛나야 한다. 황금빛
일렁이는 논둑에서 맞는 노을은 장관이다. 침묵하는 구름 속으로 서

서히 이끌려 들어가는 찬란한 햇살, 거기에 발을 담근 풍경들. "높고 높은 하늘 천(天), 깊고 깊은 따 지(地), 홰홰친친 가물 현(玄), 불타것다 누루 황(黃)" 방자의 구성진 '천자문 풀이'가 들리는 듯하다. 추수를 기다리는 벼들은 마침내 다음 파종할 것만 남긴 채 거의 인간의 욕망을 위해 바쳐진다. 가을은 잔혹하다. 수확물은 대부분 인간이 뺏어간다. 그 나머지는 다른 생명과 대지가 나눠 갖는다.

따지고 보면 내 인생의 농사도 반타작(半打作)이거나 그 이하이다. 절반도 못 챙긴다. "…슬프다, 내 어디에서/겨울이 오면, 꽃들과 어디서/햇볕과 대지의 그늘을 찾을까?//성벽은 말없이/차갑게 서 있고, 바람 곁에/풍향기는 덜걱 거리네." 이렇게 뜬금없이 횔덜린의 시 '반평생'이 생각나는 것은 삶의 종언을 예감하는 불안에서가 아닐까. 가만히 보면 일렁이는 벼 이삭 하나하나가 덜거덕거리는 풍향계 같다. 황금의 손짓 그 너머로 걸어 들어가는 나의 망상의 막다른 골목은 틀림없이 긴 어둠 속이리라.

반평생은 인생의 멋진 고개 마루 표지판이다. 하산의 기법을 꼼꼼히 챙기고, 정리와 분배의 지혜를 익혀야 할 때이다. 달려오느라 못 보던 풍경도 보고, 조금씩 뒤쳐지면서 가끔 뒤도 돌아보아야 한다. 어둠에 파묻히기 전 되돌아갈 길을 기억하고, 더 디딜 수 있는 땅을 생각하면서 여력의 총량을 따져 보아야 한다. 연료가 얼마나 남았는지, 계기판을 수시로 쳐다보며 십년 이십년 넘은 반평생을 정기검사 해야 한다. 자신을 위한 가을걷이는 오롯이 자신만의 새로운 설계이니 서글픔이 아닌 즐거움에서 이루어져야 한다. 자신을 아끼고 돌보며, 가끔은 쏟아져 내리는 낙엽 밑에서 나를 한껏 펴서 휘날려도 보자.

그나저나 가을도 간다. 날숨(呼)과 들숨(吸), 반 발자국을 떼는 사이에 목숨이 달랑 붙어 있다. 찰나생찰나멸이나 푸른 것은 푸르고 또 곧은 것은 곧다. 수운 최제우가 고난의 길에서 한 수 얻었듯이 말이다. "방방곡곡 돌아보니(方方谷谷行行盡) 물마다 산마다 낱낱이 알겠더라(水水山山箇箇知). 소나무 잣나무는 푸릇푸릇 서 있고(松松栢栢靑靑立) 가지가지 잎새마다 만만 마디로다(枝枝葉葉萬萬節)." 반타작이라 한숨짓지 마라. 그나마 다행 아닌가. 맨몸으로 이 세상에 나와 옷 한 벌 신발 한 켤레 챙겼으면 됐다. 그것마저도 결국 나의 것이 아니다. 알뜰살뜰 챙길 생각 말고, 반타작만 하자.

11. 과거는 양날의 칼 혹은 제로다

과거는 끝없는 아이러니. 지금의 대박이 쪽박되기도. 아픈 부위 또 상처 안 줘야

가만히 생각하면 참 재미있다. 어떤 사람은 평생 과거만을 캐면서 밥 벌어 먹는다. 또 어떤 사람은 평생 미래만 생각하며 산다. 또 어떤 사람은 현재에만 오로지 붙들려 있다. 모두들 참 딱하다. 동시대를 살아도 시선두기는 다 다르다. 정치인들은 주로 과거나 현재 문제에 바빠 미래에 큰 관심이 없다. 선거철이 다가오면 마음은 이미 콩밭에. 정치적 생명 유지가 최우선이니 표 안 되는 미래엔 일단 관심 없다. 기업인들은 현재와 미래 문제에 바빠서 과거 따위에 관심이 없다. 돈 안 되는 일에 시간 투자할 리 없다. 좀 썰렁한 이야기지만, 나 같은 직업학자들은 과거로도 미래로도 좌충우돌, 따지고 보면 현재에 더 급급하다. 허겁지겁, 눈알에 초점이 없어, 맹하다.

과거란 '지나간 때, 일, 생활'을 말한다. 지나간 '때'는 사실 가치중립적이다. "가는 세월 그 누구가 잡을 수가 있나요…"처럼 어쩔 수 없다. 문제는 지나간 '일'과 '생활'이다. "과거를 묻지 마세요…"가 그것이다.

45

지난 시절이 어둡고, 쓰라리고, 아프고, 떳떳하지 못하기 때문에 자꾸 캐묻지 말라는 것. 인간이 하는 일이 완벽할 리 없지만 그렇다고 대충 아무렇게 막 갈 수는 없다. 하지만 이득과 명예를 눈앞에 두면, 탐욕은 막 나가기 시작한다. 눈에 콩깍지가 씌고, 판단은 흐려지며 심지어는 마비되고 만다. 결국 사람의 수준을 식물과 동물 정도로 만든다. 이 쯤 되면 살아있으나 이미 죽었고, 인간처럼 보이나 인간이 아니다. 이래서 과거는 추악해지고, 흑막 속에 자꾸 덮어두고 싶어진다. 그러나 세상은 참 불공평하다. 과거가 현재를 만들지만, 과거가 어둡다고 꼭 현재가 어둡지는 않고, 과거가 밝았다고 현재가 꼭 밝다는 보장도 없다. 마찬가지로 현재가 어둡다고 미래가 꼭 어둡다는 보장도 없고, 현재가 밝다고 미래가 꼭 밝다는 장담도 못한다. 지금 대박이 내일엔 쪽박이 되기도, 어제의 쪽박이 오늘엔 대박이 되기도 한다. 과거의 아픔이 현재의 힘이 되기도, 과거의 기쁨이 현재의 아픔이 되기도 한다. 도대체 무엇인가? 이 걷잡을 수 없음은. 밑도 끝도 보이지 않는, 이 아이러니는. 역사 속에서 많은 사람들이 이런 냉혹한 우연성, 엇박자에 좌절하였다. 현명한 자는 한 수씩 건지고, 배웠다. "그래도 우연에 기대서는 안 된다. 당연히 해야 할 일을 하고, 필연적으로 도래할 일을 바라고, 자연의 순리에 따르고 기댄다!"고.

과거는 양날의 칼이다. 무언가를 썰 수도 있으나, 손을 찔러 상처를 입힐 수도 있다. 이럴 수도 저럴 수도 있다. 어둡고, 쓰라리고, 아프고, 떳떳하지 못하다고만 생각지 말자. 참회하고 반성하며 뒤집어엎어, 새 날을 살 수도 있다. 상처를 예술적으로 아름답게 상상할 수도 있다. 제로(0)와도 같다. '10+0=10' 혹은 '10에 0을 보태면 100', '100×0=0', 뭐 이런 식으로 생각해보자. 0은 다른 것에 더하거나 곱하면 이래저래

영향을 미치기도 못 미치기도 한다. 개인의 과거도, 사회의 과거도, 역사의 과거도 그렇다고 본다.

과거가 문제되는 것은 '현재'를 지배하려는 자들의 전략에서다. 그들은 자신들의 방식대로 과거를 지배하고 감독하고 재해석하며, 유리한 현실적 고지를 점령하려 한다. 상대를 한방에 훅 날리고 싶은 '과거 캐기'는 '심봤다!'가 아니다. 약점이용이라는 비윤리적 수법이다. 아픈 부위를 두 번 상처 입히는 일이 뭐 그리 떳떳한가.

12. 삼포로 가는 길에

꿈 · 희망 접은 '삼포세대'에 포기보다는 포부를 갖도록 미래를 준비하는 전략 짜야

예전에는 자주 불렀던 것 같다. '삼포로 가는 길'. "바람 부는 저 들길 끝에는/삼포로 가는 길 있겠지/굽이굽이 산길 걷다 보면/한 발 두 발 한숨만 나오네…나도 따라 삼포로 간다고/사랑도 이젠 소용 없네/삼포로 나는 가야지." 그런데, 웬일인가? 며칠 전 이 노래를 흥얼대다가 나는 멈칫, 그만 입을 다물고 말았다. 요즘 유행하는 '삼포세대'의 삼포라는 말이 오버랩 되어 너무 슬퍼졌기 때문이다. 사랑 · 결혼 · 출산이라는 인생사 핵심인 세 가지를 포기한다는 이른바 '삼포(三抛)'세대. 그들은 꿈도 희망도 접은 청춘들이다. "삼포로 가는 길…한 발 두 발 한숨만 나오네" "나도 따라 삼포로 간다고/사랑도 이젠 소용 없네"라는 대목에 이르면, 왠지 절로 힘이 빠지고 목이 멘다.

일자리가 없으니, 돈을 벌 수 없고, 연애 따위는 사치이다. 결혼도 출산도 모두 포기해야 한다. 한숨만 나올 수밖에. 희망 없이 막막하게 맥 빠져 세상을 살아가는 삶이 '그래도 의미 있다!'고, 자신만만하게

말할 근거는 있는가. 사회도 국가도 적극 나서서 대답해야 할 때이다. 단순한 일자리 창출만이 아니라 앞으로 사회는 이렇게 변할 것이니 저렇게 준비하라고 설명해줄 수 있어야 한다. 포기보다 '포부'를 가지도록!

누가, 무엇이 우리 젊은이들의 꿈을 이토록 앗아가 버렸나. 돌이켜보면 우리 사회는 그동안 참 열심히 힘겹게 달려왔다. 그 덕분에 압축성장을 이루긴 했으나, 세상에 어디 공짜가 있으랴. 가속 페달을 밟았던 만큼 연료는 고갈되었고, 피로는 누적되었다. 몸과 정신을 희생시키며 이룬 눈부신 성장 뒤에서 우리사회는 너무 지쳐 아파 누워있다. 좀 쉬고 놀아야 할 때인데, 세계정세는 점점 더 팍팍해진다. 여행을 하면서 인생을 즐기고 싶은데, 더 일해야 하고 다시 뛰어야 한다. 이제 좀 살만한데 다시 미래를 준비하고 전략을 짜야 한단다. 미칠 노릇이다. 기성세대를 받쳐줄 젊은이들에게 바통터치를 하고 싶은데, 뒤돌아보니 아무도 없다. 황당하다.

우리사회는 전체적으로 너무 노곤하다. 싸워보지도 않고 항복하는 분위기다. 포부는 찾을 길 없고 그냥 포기하는 추세다. 학생들도 '왜?'라고 묻지 않는다. 그러니 '어떻게?'에는 아무 생각이 없다. 아젠다가 없으니 로드맵도 없다는 말이다. 거시적 안목은 사라지고 모두 순간의 대박만을 노린다. 기초는 죽고 손쉬운 응용에만 매달린다. 이래서는 나라꼴이 말이 아니다. 결국 죽도 밥도 아니다. 결단이 필요할 때다. 아예 맨땅에서 헤딩하는 연습부터 시작해야 한다. 가라앉는 경제에 멍 때리고 있을 때가 아니다. 지금 10대들이 맹활약을 할 3,40년 뒤를 예측하며 미리 준비하자. 그렇다면 청소년들을 국내 일류대학용 싸움닭으로만 키울 생각을 포기하자. 맨 바닥에 엎어져도 홀로 일어서는 기법을 익히도록 해야 한다.

　이쯤에 딱 한 가지 제안만 해두고 싶다. 고등학교 1학년쯤에 3개월 이상 국비 해외여행을 의무화하는 방안이다. 헛소리라 할 수도 있다. 여하튼 아프리카든 남미든, 유럽이든 미국이든, 가고 싶은 곳으로 청소년들을 모두 내보냈으면 한다. 일단 너른 세계에서 보고 듣고 느끼고 생각하도록 했으면 한다. 거기서 자신의 위치를 되짚어보고, 미래의 문명을 구상할 수 있도록 말이다. 차세대의 혁명적 성장동력은 바로 이런 데서 나올 것이다.

13. 고향의 아름다움은 상실감에 있다

잊혀질수록 아름다워지고 멀어질수록 더 또렷해지는 고향은 살아있는 고전이다

고향에 가도 고향은 없다. 나를 기른 어린 날의 개울도 나무도 들판도 서로가 서로를 몰라볼 만큼 달라졌다. 기억 속에서 더 정겨운 고향. 그곳에 가면 고향이 더 안 보인다. "눈 감으면 떠오르는 고향의 강"이란 노랫말처럼, 멀리서, 눈을 감을 때 비로소 천천히 보이기 시작한다. "얼굴을 비추는 거울은 매우 많지만 마음을 보여주는 거울은 오직 자기 성찰뿐이다."라고 발타자르 그라시안이 말했듯이 '되돌아봄'이 고향을 비추는 거울이다.

고향의 아름다움은 상실감 속에 살아 있다. 망각과 그리움에 남아 있다. 정작 들뜬 마음으로 고향 마을에 들어서면 '어휴!' 낯선 개들만 죽어라 짖어댄다. 컹컹대며 짖어대는 건 개들만이 아니다. 텅빈 집들, 건조물들, 개망초 우거진 버려진 땅들. 모두 우두커니 입을 떡 벌리고, 적막을 견뎠다고 유세다. 현실은 이렇다. 익은 감들, 밤들 지천으로 떨어져 발에 밟혀도 누구 하나 주울 사람이 없다. 낯익은 얼굴들은 하나

둘 떠나고, 낯선 사람과 짐승들이 정든 마을을 대신 지킨다. 친구들은 나이가 들어 예전 같지 않고, 대화를 해도 어딘지 핀트가 잘 맞지 않는다. 그래도 내가 있어주지 못한 땅을 지켜온 그들에게 절로 고개가 숙여진다. 참 고맙다. 어느 땅이든 지키는 자의 것 아니랴!

다가갈 수 없는 것, 붙잡을 수 없는 것들을 우리는 더 그리워한다. 그런 의미에서 고향은 늘 살아있는 고전이다. 로마의 허물어진 건물들처럼, 더 이상 다가설 수 없는 그런 상실감에서 고향은 더욱 애틋하다. 잊힐수록 더 아름다워지고, 멀어질수록 더 또렷해지는 반비례의 미학으로 우리는 고향을 오래 기억한다. 고향에만 평생 사는 사람은 실제 고향의 의미를 잘 모른다. 낯익은 시선이 품안의 진실을 가려 버린다. 이향, 탈향, 실향이 거꾸로 고향을 '낯설게' 만들어 지키고 기억하게 한다. "사람들에게 이국은 없다"(人無異國)고 최치원은 말했으나, 그런 코스모폴리탄적인 선언은 그가 이국에서 경험한 철저한 고향사랑에서 나온 것이리라.

야간 비행을 하던 생텍쥐페리가 아르헨티나로 날았던 첫날 밤의 인상을 회고한 적 있다. 캄캄한 밤, 지상에 반짝이는 불빛들을 쳐다보며 그는 그 하나하나가 모두 인간의 생각을 놓치지 않고 있는 '의식'임을 깊이 깨닫는다. "들 여기저기에 드문드문, 등불만이 별 모양 깜박이던 캄캄한 밤. 그 하나하나가, 이 어둠의 대양 속에도 인간의 의식이라는 기적이 깃들고 있음을 알려 주고 있었다…띄엄띄엄 이들의 불은, 저마다의 양식(糧食)을 찾아 들에 반짝이고 있었다."라고. 우리는 늘 이런 반짝이는 불빛으로 되돌아가려 한다. 그런 마지막 한마디가 바로 고향이다. 슈펭글러는 『서구의 몰락』에서 서양의 역사-지성이 봄에서 겨울로, 광명에서 흑암으로 흘러갔다고 보았다. 하지만 우리네 정서엔 그런 종말이 없다. 원초로서의 고향을 늘 가슴에 품고 살아가기 때문이다.

아름다운 추억으로 고향을 회상하는 사람은 그만큼 낙관적이다. "타라스콩이나 루앙에 가려면 기차를 타야 하는 것처럼 별까지 가기 위해서는 죽음을 맞이해야 한다. 죽으면 기차를 탈 수 없듯이, 살아 있는 동안에는 별을 닿을 수 없다."는 고흐 식의 절망에 빠지지 않는다. 마음에 고향을 간직한 사람은 좌절해도 봄-광명을 기약한다. 살아서 닿을 '의미'가 고향이기 때문이다.

14. 푸른 달빛의 월급

월급쟁이가 된다는 것은 의존적인 존재로 사는 것 그것은 바로 우리
자신의 삶

남자라는 이유로 묻어두고 싶은 말이지만 나는 가족들에게 늘 달
같은 존재이다. "달아 달아 밝은 달아…" 그것도 월급을 바치는 동안만
빛나는 둥근달이다. 아무 것도 가정에 가져다주는 일이 없는 날 나는
달도 뭣도 아니리라. 빛을 잃은 흑암만이 감도는 찬 하늘이 되리라.

월급쟁이가 된다는 것은 의존적인 존재로 산다는 것이다. 갑이 아
니라 을이 된다는 말이다. 태양이 아니라 달이 된다는 것이다. 월급을
받는 동안 나는 갑에 의해 은은히 빛나는 달이 되어 살아가야 한다. 가
끔 해인 줄 착각하며 하늘에 썰렁 떠 있는 달. 월급은 달이 가정에 가
져다주는 푸른 달빛이다. 그러나 푸른 달빛 밑을 걸어본 사람들은 안
다. 달은 절대로 눈부셔서는 안 되고, 모든 빛들을 허용하면서 은은히
골고루 지상에 내려앉아야 한다는 것을.

월급도 달빛처럼 가정에 스며들어 사라지지만, 별로 폼 잡을 일이
못 된다. 그저 당연한 일인 듯, 물에 물탄 듯 시간의 강 속에 묻힌다.

아르헨티나의 소설가 보르헤스가 말했다. "달은 많으면서 하나인 우리"라고. 이곳저곳에 수많은 물속에 떠 있는 달. 그러나 하나인 달. 모든 월급 계좌를 통해 이 세상을 흘러 다니는 돈은 결국 하나의 달이다. 온 누리를 비추는 하나의 돈. 그것은 수많은 달들의 빛. 푸른 듯하나 슬픔이고 곧 아름다움이다. 월급쟁이는 을이고 달이지만, 갑이고 해라며 자주 헷갈린다. 수많은 호수나 시내에 비친 '많으면서' '하나인' 달, 갈래갈래 얽히고설킨 삶 속에서, 조각조각 너덜너덜 흩어지는 수많은 달. 끝내 찾아가보면 그게 바로 우리 자신의 삶이다. '걸어도 걸어도 그 자리, 가도 가도 떠난 자리'(行行到處, 至至發處)처럼, 달을 쳐다보는 일은 나를 찾아 나서는 일이다. 두둥실 떠오르는 저 달이 나인 것이다. 약간 눈물을 머금고 살짝 웃는 푸른 달빛, 어정쩡한 인생살이. 그래도 그게 멋진 풍경 아닌가.

해가 진 하늘을 차지하는 달과 별. 그리고 지상을 가득 메우는 수많은 가로등불. 집집마다 창문을 통해 비쳐 나오는 무량 무량한 등불. 태양이 사라진 자리엔 불 있는 것들은 모두 고개를 든다. 해를 잊은 자리에 떠오르는 주인공들이다. 달 빛 아래에서 고개를 드는 불빛들. 이런 경이로운 세상이 무관심 속에서 조용히 살아있다.

진리가 그렇듯 달은 새롭지 않다. 월급도 그렇다. 가족들에게 나는 달빛이겠으나 그 의미를 알기나 할까. 오류가 새롭듯 월급이 들어오지 않는 날 아! 그 사람이 거기에 있었다고 느끼겠으나 그때는 이미 비극이다. 수 천 수 만 번, 아니 억겁을 썼다가 지우고 지웠다가 써대는 달의 이야기가 바로 우리들 자신의 삶 아닐까. 달빛을 수도 없이 찢고 오려서 붙인, 겹치고 겹쳐 붙들어낸 리얼 스토리가 월급쟁이의 고달픔 아닌가. 온라인계좌로 부쳐오는 달빛. 아무도 모르게 떠 있는 달.

이런 삶의 은은한 풍경 속에 가을이 있고, 한가위가 있다. 따지고 보면 돈도 하나이면서 여럿이다.

계절이 지나가는 문턱엔 수많은 이야기로 가득하나 단연 달이 주연(主演)이다. 저 서녘의 사라진 나라 월씨국(月氏國)처럼 고대적 회상 속에 우리는 하나의 달 아래로 모인다. 그것은 결국 나 자신을 찾는 일. 내 삶의 이야기를 써 내려가는 일이다.

15. 벌초는 왜 하는가

죽은 자 애도하는 것 같으나 실은 산 자들의 건강한 축제, 형식보다
마음가짐이 중요

랭보의 시구는 아리다. "상처입지 않은 영혼이 어디 있으랴!" 안 됐
으나 가을은 상처에서 먼저 오는 것 같다. 더 버티기 힘든 것, 약한 것,
아픈 것들이 다른 것보다 먼저 물들고, 먼저 붉어진다. 그래서 결국 앞
서서 뚝 하고 하직한다.

추석을 앞두고 벌초를 떠나는 행렬을 본다. 앵앵대는 예초기 소리
에 알아차린다. '아, 또 가을이구나!' 봉분과 그 주변으로 자라난 풀
을 깎으며 조상을 생각하는 것. 그것은 내가 바로 '부모가 남긴 몸(父
母之遺體)'임을 확인하는 일이리라. 이미 세상을 떠난 분들을 지금 내
눈 앞에 다시 호출해 내는 일은 그 이유가 간단하다. 내가 여기 살아있
음을 되짚어보는 것, 수풀에 묻혀 은폐, 매몰되어가는 자신의 의미를
들춰내 일으켜 세우는 것이다. 내 삶의 의미가 지닌 잔가지와 이파리,
뿌리와 줄기를 선명히 더듬어보는 것이다. 언제까지 벌초가 지속될
것인가? 언제까지 내 삶의 계보를 노크해 볼 것인가? 잘 모르겠다. 끊

어진 길을 더듬어 해마다 산과 들을 찾아 벌초하는 노력이 있는 한 매장의 풍습이 존속하리란 것도.

매장 나아가서 납골당처럼 유골을 보존하고 삶의 서열을 기리는 형식은 '얼=백(魄)'을 숭앙하는 것이다. 얼 기리기에 중점을 두면 무덤을 쓰고 찾는 형식이 중시된다. 그러나 화장하여 뼈를 산천에 뿌려버리는 경우는 다르다. 얼이라는 유형보다도 '넋=혼(魂)'이라는 무형을 기리게 되리라. 물론 매장을 해도 넋을 기리는 쪽에 중점을 두면 신위를 모신 상징적 형식[=묘각 또는 제사 상차리기]이 중시되리라. 앞으로 우리의 조상 모시기는 '넋=혼' 쪽, 아니면 '얼=백' 쪽으로 향할 것인가. 매장-무덤, 아니면 신위 라는 상징이 중시될 것인가. 형식인가 정신인가. 고민스럽다.

삼천리 방방곡곡 예초기 쩽쩽댈 때 나는 초혼재생(招魂再生)의 진정성을 다시 묻는다. 전통적 사고에서 보면 사람은 죽어 '혼비백산(魂飛魄散)'한다. 정신적인 요소인 넋=혼은 가벼운 것이라 "새처럼 훨훨 날아서" 하늘로 가 떠돈다. 물질적인 요소인 얼=백은 "백골이 진토되어" 아래로 흩어져 땅에 묻힌다. 살아있다는 것은 혼과 백이 균형 있게 결합해 있다는 말. 죽음은 그 분열이다. '넋 나가고, 얼빠진' 것이다. 벌초도, 제사도 얼과 넋을 호출하여 다시 기리는 일이다. 무(無)에서 출발한 육신이 이 세상에서 삶을 누리다가 다시 무로 돌아가는 일은 자연이고 섭리이다. 그러니 어느 것은 좋고 어느 것은 나쁘다고 할 것이 없다.

제사는 형식보다도 마음가짐이 우선이다. 산해진미를 다 차려 놓아도 정성이 없으면 도로묵이다. 죽은 자들이 산 자를 불러 모으는 제삿날은 사실 산 자들이 죽은 자를 핑계로 서로 모여 자신들의 의미를 짚어보는 날이다. 이 땅에 이렇게 살아있음을 자랑하고 서로 축하하는 일이다. 그런 산 자들의 시간을 만들어 가는 마당이다. 죽은 자들을 기리는 제사의 형식은 생일을 챙기는 일과 동일하다. 죽은 자를 애도하는 것 같으나 실은 산 자들의 세상을 만드는 건강한 축제 아닌가. 비극을 읽는 이유가 그렇듯, 제사도 죽은 자들을 애도하려는 것이 아니라 그들의 비극적 삶을 자신들의 희극으로 바꾸려는 간절한 기도 형식이다. 그들의 슬픈 날들이 모두 나의 기쁜 날이기를 염원하는 자리이다. 철들어 가며 이런 것을 느낀다.

16. 쿡방이 넘칠 때

따스한 '밥 한 그릇' 위해 유럽으로 향하는 난민들 그들의 이동은 원초적 본능

예전의 '먹방'(먹는 방송)이 요즘에는 '쿡방'으로 진화하였다. 쿡방이란 '쿡(Cook. 요리하다)'과 '방송'을 합성한 말이다. 단순히 먹는 것이 아니다. 직접 요리를 해보고 함께 즐길 수 있는 방송이다. 따분한 정치 이야기보다도 먹고 사는 즐거움에 푹 빠져가는 세상이 되어간다. 어딘지 모자라는 것 같기도 하나 어쩌면 매우 자연스러운 현상처럼 보인다. 결국 고상한 척 해봤자 삶은 이념보다도 먹고 사는 현실로 향하는 것이다.

따지고 보면 나라가 나라다운 것은 식색(食色) 즉 음식남녀(飮食男女)를 해결해 주는 일이다. 먹고 마시는 일, 사랑하는 일. 이 문제를 어찌 소홀히 하랴. '옷 입고 밥 먹는 것'(穿衣吃飯)이 바로 그대로 '윤리'이다. 이렇게 콕 찔러 말한 사람이 있다. 먹고 사는 문제가 어그러지면 '나라가 있어도 나라가 아닌(其國非其國)' 것이다. 이미 끝장 난 것이다.

사람들은 먹을 수 있고, 사랑할 수 있는 곳으로 목숨을 걸고 떠난다. 밥 먹을 수 있는 곳에는 자꾸 사람들이 모인다. 어느 지역 어느 국가든 인구가 줄어들고 있다면 일단 의심해야 한다. 그곳엔 더 이상 먹을 것이 없고, 불안하다는 말이다. 사람들이 '만사를 안다'(萬事知)고 하지만 결국 따스한 '밥 한 그릇'(食一碗) 챙기는 데서 출발한다. 밥은 삶의 안전 조건을 상징한다. 아프리카와 중동을 떠나 유럽으로 향하는 난민들. 그들의 이동은 원초적 본능이다. 새들이 철 따라 본능대로 먼먼 곳으로 이동하듯, 난민들도 살기 위해서 필사의 행진을 계속하리라.

난민의 무덤이 된 지중해의 물은 더 이상 푸르게 보이지 않고, 그 많은 난민들을 받아들여야 할 유럽도 자유로워 보이지 않는다. 그러나 그렇게 바라볼 수만은 없다. 뉴스 속에서 보이는 그런 서글픈 장면들이 언젠가 바로 우리 삶의 현실일 수도 있기 때문이다. 통일 운운하는 우리들에게 어떤 준비가 얼마만큼 필요한 지 사전학습하도록 한다. 세상에 공짜란 없다. 모두 현금으로 굴러간다. 외상이 아니다. 아울러 녹화도 불가하다. 늘 생방송으로 진행되고 있는 것이다. 오늘도 '먹는다' 마는 기약 없는 이 숟가락질. 더 이상 아무 것도 먹을 것이 없을 때, 밥이 모자랄 때, 이 몸짓들은 무엇으로 버틸까. 어디로 향해 갈 것인가.

삼천리 방방곡곡 쿡방이 넘쳐도 좋다. 그러나 그것이 방송에서만 그치지 말고, 아래로, 길바닥으로 듬뿍 옮겨졌으면 한다. 이 세상 힘들고 가난한 곳에 늘 쿡방 같은 삼시세끼가 주어지면 더 좋겠다.「열무 삼십단을 이고/시장에 간 우리 엄마/안 오시네, 해는 시든지 오래/나는 찬밥처럼 방에 담겨/아무리 천천히 숙제를 해도/엄마 안 오시네」와 같은 외톨이 된 영혼들도, 늘 누군가와 함께 따신 밥을 먹을 수 있었으면 한다.

식색의 차원에서 본다면 쿡방은 '식방(食放)'이다. 그렇다면 그 다음의 유행은 '색방(色放)'일까? 궁금해진다. 잘 모르겠으나, 분명한 것은 천년이 지나도 음식남녀를 벗어나는 일이 없으리라는 것. 나라가 나라다운 것은 이러한 '평범'과 '보통'을 지켜내는 일이다. 그렇다. 평범이 비범보다 위대하고, 보통이 특별보다 숭고하다. 밥 한 끼 제대로 먹고, 남녀 간에 사랑을 나눌 수 있는 이런 기본조건은 우리 삶의 평형수이다. 그 균형 위에 삶이 아슬아슬 불안스레 떠 있는 것이다.

17. '터벅터벅'의 형식

터벅터벅은 우리네 삶 걷기 질척이는 흙길을 걸어 봐야 비움 · 달관의 길로 걸어든다

배호가 불렀던 노래 '황토십리길'을 생각한다. 여기에는 우리 삶 속에서 전해오는 '터벅터벅 걷기'의 형식이 보인다. 그 1절은 이렇다. 「돌아오는 석양길에 황혼 빛이 타는데/집을 찾아 가는 길이 멀기도 하구나/올 때에도 십리길 갈 때에도 십리길/터벅터벅 걸어가는 수수밭길에/황소타고 넘는 고개 황토 십리길」 나의 '잃어버린 시간'들. 석양길, 황혼 빛, 십리길, 수수밭길, 황소. 지금 애써 찾아다녀도 만날 듯 말 듯, 아스라한 것들. 내친 김에 2절까지 듣자. 「해바라기 그림자도 노을 따라 물들고/밥을 짓는 저녁연기 곱기도 하구나/고개넘어 십리길 내를 건너 십리길/터벅터벅 걸어가는 화전밭길에/피리불고 넘는 고개 황토 십리길」 해바라기. 거의 기억에서 사라진, 우리 문화유산들을 만난다. 해바라기, 밥 짓는 연기. 화전밭…. 농담 한 마디. 혹시 노래방에 간다면 연세가 들었어도 가급적 이런 노래는 부르지 말자. 아주 영감 취급을 받아 속상한다. 그냥 가만 앉아 있는 편이 낫다.

터벅터벅은 의태어이다. 사전에는 '느릿느릿 힘없는 걸음으로 걸어가는 모양'이라 한다. '힘없이'라는 것은 자칫 포기하고 체념한 걸음새로 오해하기 쉽다. 잘 새겨보아야 한다. 왜 힘이 없는가? 예전의 들길, 산길, 논두렁밭두렁길, 비포장 시오리길을 걸어본 사람은 알 것이다. 신발에 황토 흙이 덕지덕지 달라붙어 떨어지지 않으니 일단 빨리 걸을 수가 없다. 그러니 힘 빠지고 속도는 느리다. 위의 가사 가운데 '터벅터벅 걸어가는 수수밭길에', '터벅터벅 걸어가는 화전밭길에'는 이 대목의 의미가 잘 드러난다. '수수밭길', '화전밭길' 같은 질퍽한 끈적대는 황토를 밟으며 걸어갈 적에는 신발에 묻은 흙을 돌부리나 풀숲에다 탁탁 털거나 쓰윽쓰윽 닦아가며 천천히 걸어가야 한다. 물론 먼 길을 걸으면 힘이 빠진다. 천천히, 느릿느릿, 풀려 맥 빠진 다리는 신발이 무거워져 묵직하다. 걸음이 힘없어 보인다. '오늘도 걷는다 마는 정처 없는 이 발 길'의 나그네 모습은 이런 것이다. 자욱자욱 자신의 발로 밟으며 지나온 땅엔 발가락, 발뒤꿈치의 힘이 실린다. 패여서 흔적이 남는다. 길에는 '지나온 자욱마다 눈물 고이는' 터벅터벅 걷기의 몸짓이 새겨져 있다. 선가(禪家)의 한자 속어로 터벅터벅은 '득득(得得)' 혹은 '특특(特特)'이다. 먼 길을 걷는 발소리. 의성어이다. 비움과 달관의 길로 걸어드는 걸음새거나 몸짓, 멋스런 포즈 아니랴.

모든 언어는 기억과 연결되어 있다. 우리의 몸 속에, 뇌 속에 들어 있는 기억. 그것은 언어이다. 잠시 냉동되어 활성화되지 않은 '은유(隱喩)'의 미세혈관 다발이라 할까. 우리가 언어를 은유적으로 이해할 때, 그것은 곧 색깔, 소리, 냄새, 맛, 모양 등으로 활성화된다. 뇌 속의 기억 다발들이 혼성-유동성을 통해, 숨은 고리를 찾아내어 폭발적으로 연결된다. 이때 우리들의 잃어버린 시간과 장소가 따끈히 살아나 바로 눈앞에서 훤하게 생생히 경험된다. '시방세계현전신(十方世界現全身), 시방세계가 온 몸을 드러내듯. "길은 밟는 것, 그래야 노면(路面)이 제 모습을 드러내는 법. 사람이 발걸음을 옮겨서 실제 걸어가야만 길이 평평하게 닦이고, 길이 길다운 모양새를 드러내지(道, 蹈也, 路, 露也, 人所踐蹈而露見也)" 터벅터벅은 우리네 삶의 걷기 형식. 끝없는 여행의 은유이다. 그 속내는 질척이는 흙길을 밥 먹듯 걸어본 자만이 안다.

18. 혼돈을 두려워 말자

혼돈은 재앙이자 곧 축복, 자신만의 주체적 개념으로 고유의 독립 영토 가져야

요 며칠간 다시 그 말이 떠올랐다. 몇 해 전, 잘 아는 한 일본인 교수가 내뱉은 말 한 마디. "한국 사람들은 혼돈(카오스)을 두려워하는 것 같아요." 처음에는 그냥 지나쳤었다. 그런데, 시간이 지날수록 그 말이 자꾸 걸렸다. '혼돈을 두려워 하다니…?'

말이 나왔으니 우선 '어지럽다(어지럽히다)'로 읽는 '난(亂)' 자부터 보자. 재미있게도 '다스리다(다스려지다)'는 정반대의 뜻도 갖는다. '아니, 뭐야?'라고 할 수 있겠으나 생각해보면 둘 다 맞다. 마치 독(毒) 자에 '독(poison)'이라는 뜻과 함께 '기르다(키우다)'라는 뜻이 있는 것처럼 말이다. 우리가 먹는 약도 알맞게 잘 쓰면 사람을 살리는 양약이나 잘못 쓰면 사람 잡는 독약이 된다. 거리와 들판을 난장판으로 만드는 태풍은 어떤가. 한쪽에서는 '어지럽히는' 존재이나 다른 한편에서는 비를 내리고 더위를 몰아내며 대지를 '다스리는' 존재 아닌가. 이쪽에서 '나쁜 것'이 저쪽에서는 '좋은 것'이다. 이쪽의 슬픔은 저 쪽의

기쁨일 수 있고, 이쪽의 행복은 저쪽의 불행일 수 있다.

이렇게 본다면 우리가 보통 생각하는 '혼돈(카오스)'이라는 것은 부정적인 뜻만이 아니라 긍정적인 뜻도 있다. 곪아 터져야 할 것은 곪아 터져야 한다. 그 다음에 새살이 돋아나 온전한 피부로 회복할 수 있으니, 혼돈은 또 다른 질서이거나 그런 것을 생성시키는 원인이다.

한국의 사상사에서 혼돈=카오스에 해당하는 개념은 기(氣)이다. 이 말과 상대되는 말이 리(理)인데, 보통 질서를 상징한다. 둘을 합하여 '이기(理氣)'라 부른다. 리 쪽에서 기를 보면 무질서 혹은 아나키스틱(무정부주의적)한 방향에 빠질 듯한 허점이 눈에 뜨이고, 기 쪽에서 리를 보면 부동성과 보수성의 답답함, 근엄함이 눈에 밟힐 것이다. 서두에 언급한 일본인 교수는 한국 사상사의 이러한 지형도를 잘 읽고 있는 사람이다. 한국사회는 전통적으로 '질서! 질서!'하고 외치나 한편으로 혼돈-제로-맨바닥에서 무언가를 구상하는데 소극적임을 논평하고 싶었으리라. 그렇다. 우리가 강조하는 리-질서, 혹은 그런 사유가 진정성을 잃은 것은 아닌지, 구태의연한 형식은 아닌지. 그것이 오히려 무질서를 낳는 것은 아닌지. 자문해볼 일이다.

자주 생각하는 사안이지만, 우리는 '개념'을 만들 줄 모른다. 아니 만들려고 고뇌하지 않는다. 그냥 남이 만들어 놓은 것을 손쉽게 수입해서 쓰려 한다. 여기서 문제가 심각해진다. 나 자신의 개념을 갖고 있지 않다는 것, 그것은 자기 생각의 독립영토를 잃어버리고만 식민지 거주자와 다를 바 없다. 자신의 생각과 세계를 그려서 담아낼 언어적 형식(틀)이 없는 것, 그것은 스스로의 독자적인 이론, 학문장르, 지식상품을 만들어낼 기반을 갖추고 있지 못하다는 뜻이다. 일류가 되려면 주체적 개념을 가져야 한다. 자신만의 언어, 사유 공간을 늘 확보하고 있어야 한다. 자신이 알고 있는 무언가를 독자적으로 표현해내려면 혼돈에서 서성이는 것을 두려워해서는 안 된다. 오히려 즐겨야 한다. 영화 〈'티벳에서의 칠년간〉을 보라. 고운 색깔의 모래로 오랜 시간 정성스레 만든 만다라를 다시 지워버리지 않던가. 과감하게 지울 수 있는 용기는 새로 만들 수 있다는 자신감이다. 혼돈은 재앙이자 곧 축복이다.

19. 지평선은 말이 없다

눈에 보이는 모든 것들은 생겨나는 것처럼 보이지만 실제로는 다 사라지고
만다

 한 때 나는 이미자의 '지평선은 말이 없다'는 노래에 끌렸다. 더 고
백하자면 '지평선은 말이 없다. 대답이 없다'는 가사에 붙들렸다. 몇
번이고 몇 번이고 그 구절을 곱씹는 동안 나는 아득한 지평선 위에서,
'과연 나는 무엇인가?'를 묻고 있었다. "나는 깨닫고 나서 열반에 이르
기까지 한 마디 입을 뗀 적이 없다(不說一字)"는 석가모니의 고백처
럼, 나를 허탕치게 만든 한 구절. 한 대 심하게 두들겨 맞고 멍해지듯,
지평선의 침묵에, 대지의 무언에 수시로 넋을 잃는다. 이것은 육중한
흙더미, 느슨한 초목들의 배치, 아득한 거리 때문만은 아니다.

 모든 것들은 생겨나는 것처럼 보이지만 실제로는 다 사라지고 만
다. 그렇다면 나는 무엇을 보고 있는가. 생겨나는 것인가. 사라지는 것
인가. 릴케의 장편소설 『말테의 수기』 제일 첫 머리를 잊을 수 없다.
"사람들은 살기 위해서 여기로 몰려드는데, 나는 오히려 사람들이 여
기서 죽을 것 같다는 생각이 든다." 시인 말테가 대도시에 동경을 품

고서 파리에 와 느낀 점은 이랬다. 사람들이 먹고 살기 위해서 대도시로 몰려드는데 죽으러 오는 것 같다고. 지평선을 품은 대지 위에서 내가 느끼는 것도 그랬다. 모든 것은 대지서 나와 다시 대지로 돌아간다면 대지는 그저 만물들을 춤추게 하는 무대이거나, 그들이 그저 머물다 가는 터미널일 뿐. 대지는 아무 것도 거머쥐지 못한 채, 만물들만 신나 야단법석일 뿐. 연비어약(鳶飛魚躍)! 창공에 솔개는 날고, 푸른 못에 고기는 뛰지만, 깜냥대로 날고뛰는 저들에게 대지는 털 끝 하나 대지 못한다. 간 쓸개 다 빼어줄 듯 수많은 것들을 다 들춰내다가 다시 집어삼키는 듯, 멋진 동산 같으면서도 거대한 무덤인 듯, 대지는 이렇게도 역겹다. 짜라투스트라의 입을 빌어 니체는 말한다.「아직 인간의 대지는 충분히 씨앗을 뿌릴 수 있다. 그러나 언젠가 이 대지는 야위고 메마르게 되어 더 큰 나무는 대지에서 한 그루도 자랄 수 없게 될 것이다.」다 기르는 것 같으나 다 떨쳐버리는 대지. 나는 다시 상념에 잠기고 만다. 드러내면서 감추는 그런 애매한 형식, 그것은 누구의 편인가. 산 자의 편인가 죽은 자의 편인가. 모든 것은 대지의 흙으로 돌아간다 하나, 흙은 그저 생멸(生滅)의 터미널, 허접한 무주공터일 뿐이다. 이것저것 다 거기로 돌아가는 것 같으나 착시일 뿐. 미안하다. 그곳은 애당초 집도 고향도 아니다. 무의미한 곳이다.

이쯤에 서서 나는 나의 학문을 생각한다. 그 덧없는 산 자들의 버릇을. 과연 학문으로 행복에 이를 수 있는가. 아니다. 그럴 수도 없다. 막스 웨버는『직업으로서의 학문』에서 반문한다. 도대체 누가 아직도 학문을 '행복에의 길'이라 믿고 있는가? 인간이 학문으로는 결코 행복해지지 않는다. 아니 행복해질 수도 없다. 그는 톨스토이의 말을 인용한다. "학문은 의미가 없다. 왜냐하면 학문은 우리에게 가장 중요한 문제

즉 '우리는 윤리적-당위적으로 무엇을 해야 하는가?…어떻게 살아야 하는가?'라는 문제에 어떤 답도 주지 못하기 때문이다." 이쯤 되면 막가자는 말처럼 들릴지 모르겠다. 그러나 학문이 그렇게 줄기차게 추구하는 '알아야 할 가치'라는 것 또한, 그는 증명될 수 없다고 본다. 아, 물어봤자 '학문은 말이 없다. 대답이 없다!' 이렇게 무의미하기에, 무언가 있는가 싶어 또 수시로 그곳을 노크하는지도 모르겠다.

20. 별 헤는 힘

여름밤 헤었던 수많은 별들, 나의 시 · 철학 · 인문학이 되었다

멍석 위, 할머니 곁에 누워 별을 헤던 때가 행복하였다. 길게 꼬리를 끌며 하늘 한편으로 스윽 사라지던 별똥별. 수도 없이 눈을 껌뻑거리다 그만 잠들던 이름 모를 잔별들. 그 보이지 않는 빛들이 내 유년의 눈동자를 길러 주었다.

어느 여름 밤, 문득 나는 하늘과 별 그 너머를 묻고 말았다. 나는 저 별까지 갈 수 있을까. 걸어서, 아니 자전거를 타고. 아니 버스나 기차를 타고. 물론 걸어서나 달려서도 닿을 수도 없는, 저 하늘 끝의 별들에게 나는 도대체 무엇인가. 이리 묻고 저리 물어도 아득하여, 나는 그만 시무룩해져 쫑알대던 입을 닫았다. 그때 할머니는 토닥토닥 내 가슴을 두드리며 잠을 불렀다. "은하수가 입 위로 오면 하얀 쌀밥을 먹을 거야. 어서 자거라!" 그 하늘에 찬바람이 불고, 기러기가 날기를 어느덧 50여 번. 여름밤도 그만큼 지나갔다. 모깃불이 타는 마당, 새벽녘까지 별을 헤던 나에게 들려주던 할머니의 노래. "청천 하늘엔 잔별

도 많고 우리네 가슴엔 수심도 많다." 수많은 이름 모를 잔별이 아름 답기는커녕 왜 '수심(愁心)'이었을까. 그 노래에 이어지던 곳은 "석탄 백탄 타는데 연기나 퐁퐁 나고요, 요놈의 가슴 타는데 연기도 김도 안 나네." 무슨 노래인지 아직도 모르겠으나, 긴 고랑의 콩밭을 매면서 도, 십리길 신작로를 걸으면서도, 할머니는 단벌신사처럼 그 곡조를 늘 걸치셨고, 평생 벗지 않으셨다. 아직도 당신은 내 귓전에 노래로 살아계신다. 나에게는 그렇게 아름답던 별이 할머니에게는 왜 아픔이었을까. 아니 가슴 속 아픔은 하필 잔별이었을까. 아름다움은 슬픔이고, 슬픔은 아름다움이었단 말인가. 별은 물집이고, 부스럼이고, 상처였단 말인가. 나는 그때 알 길이 없었으나, 지금은 그 심정을 알만하다. 연기도 표시도 나지 않는 마음의 상처를, 산 너머에 칙칙폭폭 달리는 화물열차의 고된 운행에 빗대며, 유연히 길을 걸었던 당신에게, 이 여름날 나는 편지를 쓰고 있다. 어쩌면 이것은 내가 나의 영혼을 달래는 자장가일지도 모른다. 내가 디뎠던 땅들이 결국 나의 삶이었던 것처럼, 내가 헤었던 별들의 숫자가 모두 나의 언어였다. 깜깜한 밤하늘에서 헤었던 별들 하나하나는 시가 되었고, 인문학이 되었고, 철학이 되어왔다. 그러나 이때부터 나는 별로부터, 밤하늘로부터 차츰 차츰 멀어졌다. 그 자리를 컴퓨터가, 잡무가, 스마트폰이 채웠다. 별을 보기는커녕 종일 휴대폰에 얼굴을 묻는 날도 있다. 별 헤는 힘을 잃어버렸다. 내가 디디고 다닐 마음의 땅을 잃어버렸다. 그런 나만의 시공간을 상실하면서, 나는 그리움을 잃고, 눈물을 잃고, 별을 따서 담아두던 너른 가슴을 잃고 말았다. 천번만번 이지러지고도 살아나는 별과 달과 하늘의 구름. 그것을 아무 뜻 없이 헬 수 있었던 날의 힘을 나는 다시 찾고자 한다. 그것은 고요하고 서늘한 자락(自樂) 즉 청복(淸福)이리라.

화끈하고 맵고 뜨거운 열복(熱福)이 아니다. 돈, 명예, 권력으로는 닿을 수 없는 가치들!

이제 할머니가 안 계신 땅 위에서 나는 홀로 마음의 달을 껴안고 지낸다. 둥근 달 주변으로 몰리는 그때 그 하늘의 알 수 없는 푸른 주름을 이불처럼 덮고 잔다. 별 헤던 밤을 젖 먹던 힘처럼 되새기는 뜻은 내 그리움에 치매가 걸리지 않도록 하기 위해서이다. '별 하나 나 하나' 나를 찾는 일이다.

21. '인면(人面)의 폭력'을 넘어서
얼굴에는 그 사람 인격 응축 무심코 그려 보는 얼굴처럼 보고 싶은 얼굴 많아 졌으면

   사람과 더불어 살아가는 것만큼 어려운 일도 없다. 꼴 보기 싫어도, 피하고 싶어도 그냥 모른 척 지내야 할 때가 많다. 남들에게 성인군자연하는 멀쩡한 얼굴인데, 늘상 사람을 음해하거나 해코지해대는 경우는 어떤가.

   보이스피싱을 당해본 사람은 안다. 그냥 걸려오는 전화 벨소리, 평범한 인간의 목소리가 얼마나 무서운 것인지. 악마성이나 범죄는 일상성-평범함 속에 늘 발톱을 숨기고 있다. 물론 선행이나 성스러움도 마찬가지이다. 누군가가 살아있다는 것이 누구에게는 축복이나 누구에게는 비극이고 불행일 수 있다. 엇비슷한 얼굴만 스쳐도 소름이 돋는다면, 그런 얼굴은 걸어 다니는 흉기이고 공포이며 폭력이다. 그러나 현실적 삶은 그런 끊임없이 자신을 해치고 위협하는 타자들과도 공존하는 지혜를 요구한다. 그것을 용서니 관용이니 부르나 잘 이해가 되지 않을 수도 있다.

보들레르의 산문시집 『파리의 우울』 가운데 「새벽 1시에」를 읽는다. 「마침내! 혼자가 되었군! …몇 시간 동안 휴식까지는 아니라도 우리는 고요를 갖게 되리라. 마침내! 인면(人面)의 폭력은 사라지고, 이제 나를 괴롭히는 건 나 자신 뿐이리라.」 말은 또 이어진다. 「마침내! 그러니까 이제 나는 어둠의 늪 속에서 휴식할 수 있게 되었다! 먼저 자물쇠를 이중으로 잠그자. 이렇게 자물쇠를 잠가두면, 나의 고독은 더욱 깊어지고, 지금 나를 외부로부터 격리시키는 바리케이드가 더욱 단단해지는 것 같다.」 그리고 더 이어지는데, 딱 눈에 띄는 구절이 있다. 「한 극장 지배인에게…(왜일까?) 내가 기꺼이 저지른 다른 비행들은 부인하였다. 하나는 허풍의 범죄. 다른 하나는 인간 존중의 범죄이다.」 인간을 만나고, 얼굴을 맞대며 산다는 것이 얼마나 어려운 일인지를 보여주는 대목이다. 보들레르는 자발적 고독을 원한다. '인면의 폭력'에서 벗어나고 싶어서이다. 아울러 존중해줄 필요가 없는 데도 애써 참아가며 남을 존중하는 것을 범죄로 보았다. '인간 존중의 범죄'라니! 참 재미있는 발상이다.

에즈라 파운드는 「지하철 정거장에서」라는 짧은 시를 썼다. 「군중 속에서 유령처럼 나타나는 이 얼굴들,/까맣게 젖은 나뭇가지 위의 꽃잎들」 파운드는 파리의 지하철에서, 스쳐가는 수많은 얼굴 가운데 느닷없이 들이닥치는 아름다운 어린아이의 얼굴이나 부인의 얼굴 등을 이렇게 표현하였다. 어떤 얼굴은 '유령'처럼, 또 어떤 얼굴은 '꽃잎'처럼 각인되었다.

한 사람의 몸은 결국 얼굴에 수렴된다. 얼굴 하나에 그 사람의 인격이 모두 응축 되는 것이다. 심지어 '마흔이 되면 자기 얼굴에 책임을 져라!'는 말은 온 생애가 얼굴에 집약되는 경우이다. 반대로 얼굴이

온 몸으로 확산되기도 한다. 온몸이 모두 얼굴이라는 말이다. 몽테뉴의 『에세』에 나오는 이야기이다. 「겨울에 셔츠바람으로 다니는 거지가 있었다. 그는 온몸을 수달피 가죽으로 둘둘 말고 다니는 사람만큼 건강하게 지냈다. 누군가 그것을 보고 신기하여 어떻게 그렇게 추위를 잘 참고 지내냐고 물었다. 그러자 그 거지가 말하였다. "보이소, 댁도 얼굴은 벗었지요? 나는 온 몸이 얼굴이요!"」 이 발상은 나의 신체를 '부모가 남긴 몸(父母之遺體)'로 보는 것과 통한다.

　'동그라미 그리려다 무심코 그린 얼굴'처럼, 우리 사회에 보고 싶은 얼굴이 자꾸 많아졌으면 한다.

22. 얄궂은 청춘이여 파이팅
돈 만으로 청춘 기획 못해 얄궂고 힘든 청춘이지만 눈 똑바로 뜨고
걸어가자

"젊은 날 뛰는 가슴 안고…" 이제 이런 노래를 부르기도 안쓰럽다. 젊음은 더 이상 희망의 표상이 아니기 때문이다. 과거 젊은이 '답다'라는 말의 알맹이는 패기, 도전정신이었다.

그러나 이제 젊음은 무기력의 대명사가 되어가고 있다. 젊음에게 미안하다. 머리속엔 '파란 낙엽'이 넘실댄다. 아직 새파란데 낙엽이라니. 채 피지도 않은 것이 시들다니. 얄궂다. 심리적 결혼 한계선이 월급 200만원, 그 이하는 자격 미달이란 말을 들으니 가슴이 먹먹해진다. 지난 날 맨몸으로 돈 벌어 가정을 꾸렸다는 이야기는 이제 독립군의 무용담처럼 들릴까.

최근 자주 신문지상에 오르내리는 청춘남을 구분하는 용어가 있다. 일본에서 건너온 '초식계(草食系)', '절식계(絶食系)', '승려계(僧侶系)'라는 말들이다. 연애나 이성 관계에 서툰 것이 초식계이고, 사귀고자 하는 의지 자체가 없는 것이 절식계이다. 나아가 성(性)·섹스 자

체를 초탈한 것이 승려계이다. 승려계는 열반계라 불러도 되겠다. 이들은 외친다. '내 취미생활도 바쁘다!'. 그러니 연애도 섹스도 아예 물 건너간 것이다. 아이를 낳을 인연이 끊겼으니 무슨 출산과 인구 증가랴. 이 바람이 일본에서 우리나라로 불어오고 있다.

문제의 핵심은 경제적 사정 즉 돈이 없기 때문이다. 청춘들의 현실 전망은 결혼이 밥 먹여주지 않고 아이가 자신들의 삶을 더 이상 보장해주지 않는다는 계산이다. '혼자 사는 즐거움을 꿈꾸기도 어려운데, 가족이라니?' 행복한 싱글라이프를 택하지, 더 이상 가족 따위는 원치 않는다는 말이다. 이쯤 되면 사태는 심각하다. 사실 돈이 없으면 패기, 도전정신만으로는 가족을 먹여 살릴 수 없다. 그렇다고 돈만으로 모든 것이 대체되는 것도 아니다.

젊음을 높게 평가한 것은 근대기나 고도 성장기였다. 그들은 산업을 일으켜 세우는 힘이자 국가성장의 동력이었다. 그때는 노인이 아니라 청년이 사회의 표상이었다. 그들은 생산과 소비를 이끄는 주체였고 가정과 사회의 희망이었다. 그래서 젊음=희망이라는 이미지가 만들어졌다. 이렇게 청년들에게 거는 희망과 기대는 1990년대에도 살아남아 있었다. 1997년, 김병수와 박성준으로 구성된 듀엣 벅(Buck)이 불렀던 노래 '맨발의 청춘'을 들어보라.

「이렇다 할 빽도 비전도 지금 당장은 없고/ 젊은 것 빼면 시체지만 난 꿈이 있어./먼 훗날 내 덕에 호강할 너의 모습 그려 봐/밑져야 본전 아니겠니. 니 인생 걸어보렴/용하다는 도사 그렇게 열나게 찾아다닐 것 없어/두고 봐 이제부터 모든 게 원대로 뜻대로 맘대로/잘 풀릴걸 속는 셈치고 날 믿고 따라 줘/니가 보는 지금의 나의 모습 그게 전부는 아니야/멀지 않아 열릴 거야 나의 전성시대/…/갈 길이 멀기에

서글픈 나는 지금 맨발의 청춘/나 하지만 여기서 멈추진 않을 거야 간다.」 이 노래를 듣고 있으면 힘이 솟는다. '청춘은 꿈이요 꿈은 봄 나라'라는 지난 시절의 노래처럼, 야심이 살아있다.

돈만으로 청춘을 기획할 수는 없다. 청춘의 전망 속에 돈이 생성되는 것이다. 그러나 그 꿈은 늘 우리를 아프게 한다. 상처 입힌다. 허리가 아프다고 잘라낼 수 없듯, 힘 든다고 꿈을 파기할 수는 없다. 청춘이여 얄궂지만 눈 똑바로 뜨고 걸어가자. 밑져야 본전이니, 파이팅!

23. 고독한 개들을 위한 사회
고령화 사회 '애완' 빌미로 개와 더 친밀해지고 있지만 고독한 개들의
미래도 불안

개가 혼자 자라면 '사회성'이 없을까 해서…. 혼자 두면 밥을 안 먹어서…. 혼자 집에 두면 외로움을 느낄까 해서…. 등등의 이유로 개들을 위한 '전용방송'이 늘고 있단다.

개들을 위한 호텔, 유치원, 장의사, 보험, 전용 매거진이 등장한 지오래이다. 이런 추세라면 개들을 위한 요리학원, 식당, 까페, 헬스장, 미용실, 학교, 대학원, 헬스장, 뱃살방, 찜질방, 수영장, 영화관 등등 수많은 시설과 사업, 업종이 생겨나리라. 이뿐이랴. 개들의 한옥촌, 공동묘지, 문화유적지, 사진관, 여행 관광 상품, 비행기, 방송국, 교회와 사찰, 출판사와 서점, 콜라텍, 동창회…뭐 이런 것들이 생겨날 날도 머지않으리라.

외로운 개들을 걱정하고, 개들의 고독을 두려워하고, 개들의 복지를 위하는 신문기자, 당(黨)과 정치인, 변호사는 필수일 것이고, 개 관련 전문 용어사전, 족보, 파보, 동창회나 회보가 나올 날도 임박하였으리

라. 또 그들의 짝짓기 공원이나 모텔, 사랑과 결혼을 위한 전문상담소 심지어는 개들을 위한 점집, 굿집, 전시회, 미술관, 음악관, 디자이너 같은 종교적 예술적 미적 분야도 예감된다.

우리 사회는 이미 고령화로 접어들었다. 또한 고독을 경험하고 있다. 이런저런 외로움을 달래기 위해 개들과 사람들 사이는 '애완'을 빌미로 더욱 친밀해지고 있다. 개들을 함부로 다루거나 대우를 해주지 않으면 법적인 문제가 발생하고 도덕적 비난을 받기도 한다. 이미 개의 고독, 사회성, 견격(犬格)을 문제 삼을 때가 된 만큼 개에 대한 경어, 화법, 예절, 법적 처우도 고려해야 할 때이다. 공식석상에서 개를 모독하고 경멸하는 언사는 자중해야 한다. 개와 사람 사이의 재산 상속의 문제, 개와 사람이 법적으로 결혼 가능한가 하는 문제, 개 사이의 혼인과 촌수 문제, 개를 가족이나 주민으로 등록해야 하는가 하는 문제 등등 숱한 개념 정리나 의문제기도 발생할 것이다. 그러면 한 차원 더 나아가 우리사회에 '개란 무엇인가?'라는 개의 본질정의 문제도 대두할 것이다. 물론 개의 호칭문제도 심각해질 것이다. 개○○라는 욕은 사람한테 만이 아니라 개들에게도 모독이 되기에 처벌하는 규정이 생겨날 것이다. 궁극적으로 인간문제를 다루는 인간학처럼 개들의 문제를 다루는 '견학(犬學)'도 독립 장르로 탄생하리라. 이어서 '견학과'도 나오고 견학과 학생모집도 교수 초빙도 이루어질 것이고, 전문가가 양성되어 새로운 직종의 취업 길이 열릴 것이다.

요즘 '썸세대'라는 말이 있다. '썸 타기만 하는 세대'의 줄인 말이다. 남녀 간에 서로 부담주지 않고 쿨 하게 사귀다가 쿨 하게 헤어지는 것을 말한다. 상처받을 일도, 줄 일도 없다. 서로 책임질 능력도, 그럴 필요도 없다. 그저 가볍고 편하면 된다. 이런 사회를 맞이한 분위기를 잘

반영한 말이다. 고독하기만 한 사회가 아니라 이합(離合)프리사회를 맞이하고 있다.

이것은 개에게 영향을 미친다. 인간에 비해 약자 편에 속하는 개를 사람이 쿨 하게 버릴 수 있는가. 그렇게 개에게 상처를 준 인간은 어떤 법적 책임을 져야만 하는가. 유기견은 함부로 취해도 되는가. 등의 문제가 생겨난다. 앞으로 로스쿨에 이 문제를 전담하는 교수가 생길 것이고, 또한 전문 변호사도 나올 법 하다. 인간의 미래만 걱정인가. 개들의 미래도 불안하다. 고독한 개들을 고민하는 사회가 마음에 걸린다.

24. '인문-문화 우방'을 아시나요

文의 힘으로 삼국통일 이뤄 우방 · 이웃나라 결속 실마리 '인문-문화우방' 서 찾아야

서정주의 시 「밀어(密語)」를 읽는다. "굳이 잠긴 잿빛의 문을 열고 나와서/하늘 가에 머무른 꽃봉오릴 보아라.//한없는 누에실의 올과 날로 짜늘인 차일을 두른 듯/아득한 하늘가에//뺨 부비며 열려 있는 꽃봉오릴 보아라."

그렇다. 굳게 닫힌 문을 열 수조차 없다면, 꽃봉오리를 볼 수 없다. 얽히고 꼬인 문제를 풀려면 실마리를 찾아야 한다. 보통 문제 주변에는 발상법, 아이디어나 언어들이 겉돌고 있다. 그것은 첨단 잠금장치의 비밀번호처럼 짜임(맥락 · 문법)을 맞춰내야 작동한다.

"강수(强首)는 문장을 잘 지어 중국(당나라)을 비롯하여 고구려와 백제 두 나라에 편지로 뜻을 온전히 전하였으므로 우호를 맺는데(結好) 성공할 수 있었다. 나의 선왕(先王)이 당나라에 군사를 청하여 고구려와 백제를 평정한 것은 비록 군사적 공로라 하나, 역시 문장의 도움이 있었기 때문이니, 강수의 공을 어찌 소홀히 여길 수 있겠는가?"

84

『삼국사기』 열전에 나오는 신라 문무왕의 말이다. 태종 무열왕이 즉위했을 때, 당 나라 사신이 와서 국왕의 뜻을 전하는 글(詔書)을 전했는데 해독하기 어려운 곳이 있었다. 왕이 강수를 불러 물으니 한 번 보고는 막힘없이 술술 풀어내었다. 게다가 그의 유창한 글솜씨로 답서도 잘 작성하여 보냈다. 참 '대단한(=단단한)' '머리(브레인)'였다. 그래서 강할 '강', 머리 '수' '강수(强首)라 불렀다. 이처럼 신라 통일기에 문장가 강수가 외교에 큰 보탬이 되었다. 삼국의 통일에는 군사력뿐만 아니라 문장력 즉 '인문-문화의 힘'이 존재하였던 것이다.

한자문화권, 유교문화권의 결속력은 '문(文)'이었다. 그것은 보편언어였고 질서였다. 동아시아 사회를 움직이던 보이지 않는 손(개념)이었다. 그 손을 잡을 수 있었던 지역은 인문-문화 우방이었다. 외교관계의 단절, 대립과 갈등에서 '인문-문화'는 주요 해결사였다. 중국의 사상가 묵자는 전쟁을 실제로 할 필요가 없다고 생각하였다. 당사국의 과학기술자들이 공격-방어 기술 실험무기만 전시하면 된다는 말이다. 그 첨단성만 서로 확인할 자리나 룰만 가지면 게임은 끝이다. 승패는 저절로 판명난다. 스포츠가 그렇고 요즘의 제품개발이 그렇다. 상대국, 세계시장을 점령하는 것은 인문-문화의 수준이다. 그것이 첨단 무기이다. 『논어』에는 증자(曾子)의 유명한 말이 있다. "군자는 '문(학문)'으로써 벗을 만나 사귀고, 우애로써 사람다움(휴매니티)을 돕는다(君子, 以文會友, 以友輔仁)". 군비증강의 경쟁만큼 인문-문화의 제고 쪽에 눈을 돌려 우방을 찾는 것이 좋겠다. 중국의 동중서는 한나라 무제에게 '무'(폭력)로 국가를 다스리기보다 고전을 배우고 익히게 하는, 이른바 '문'으로 다스리는 것이 훨씬 효율적임을 언급하였다. 이 점은 국내만이 아니라 국가 간 정치에도 통한다.

우리 역사 속에 이웃나라와 우방의 결속력을 이끌어내는 '대단한 두뇌'(강수) 즉 인문-문화의 힘이 있었다. 유교문화-한자문화의 권역이란 '인문-문화 우방'의 결속이었다. 그것은 세계문화유산에 등록될 만큼 탁월한 인문-문화 가치의 힘이었다. 우리나라는 그런 명분 속에서 견뎌왔다. 향후 중국과 일본, 나아가서 구미의 우방들과 결속, 연대의 실마리를 '인문-문화'에서 찾으면 어떨까. 그러려면 우선 우리 인문-문화의 수준을 한껏 높여야 한다.

25. 회전초가 되어라

애증 관계 속에 인간은 여물고 또 여물어가는 법. 그럴수록 회전초가 되자

서부영화였던가. 처음 회전초(回轉草)를 보았을 때 참 신기하였다. 뿌리 없이 말라비틀어진 둥근 풀 뭉치들이 바람 따라 이리저리 휩쓸리며, 마른 대지 위를 굴러다닌다. 놀랍게도 그것들은 죽은 것이 아니었다. 거친 땅 바닥 위를 정처 없이 굴러다니나 어떻게든 영양분을 빨아들이며 살아있단다. 참 끈질긴 생명력이다.

제로 상태에서 전전하는 물건이지만 전혀 쓸쓸해 보이거나 고독해 보이지 않는다. 아예 그런 마음을 내면에 묻어 두지 않고 야무지게 사방으로 굴러다닌다. 뿌리내리지 않으니 거처가 필요 없다. 스쳐 지나는 바닥이나 허공이 자신의 터전일 뿐이다.

한때 나는 건달(乾達)에 대해 생각해본 적이 있다. 건달이란 산스크리트 간다르바(Gandharva)의 음역인 '건달바(乾達婆)'에서 온 말이다. 수미산 남쪽 금강굴에 살면서, 천상의 음악을 책임진 신이다. 오로지 향내만 맡으면서 허공을 날아다니며 노래하고 연주만 한다. 거리

의 떠돌이 악사나 광대라고나 할까. 훗날 우리 사회에서는 '하는 일 없이 놀거나 게으름을 피우는 사람' 또는 '난봉 부리고 다니는 불량배'를 일컫는 말로 와전되었다. 건달패-건달뱅이-깡패-기둥서방-룸펜-놈팡이의 속칭이 된 것이다. 그러나 건달은 원래 좋은 뜻이었다. 예컨대 '교양의 세계(藝)에 놀 줄 아는(遊於藝)' 사람, '일(노동)과 놀이(유희)를 합치시킨 풍류인', '유목민 같은 노마드적 인간', '무정주(無定住)의 깨어 있는 정신의 소유자' 등으로 풀어낼 법하다.

인간은 살아가면서 서로의 '관계'에서 가장 많이 상처 입는다. 귀향(歸鄕)의 의지가 있다면 반대로 이향(離鄕)의 의지도 있듯, 사람은 동락(同樂)을 원할 때도 독락(獨樂)을 원할 때도 있다. 공동체와 홀로의 사이를 오가는, 그 왕환(往還)의 애증 관계 속에서 인간은 여물고 또 저물어가는 법. 여럿이 있는 것도 홀로 있는 것도 문제이다. 어느 쪽이 정답인가? 없다! '여건이 주어지는 대로'(隨緣), '처지에 따라서'(素位) 평온을 찾는 수밖에. 어느 시대든 형식은 달라도 요즘 말하는 SNS=사회관계망서비스(Social Networking Service)는 있다. 그렇다고 동서양 현자들이 '인간관계'에만 줄곧 매달려 '행복'을 움켜쥐라고는 하지 않았다. 자신의 '덕성'과 '내면'에 눈을 돌리고 스스로 위안을 찾으라고 가르쳤다. 삶을 살다 보면 수많은 좌절에 당도한다. 공자라는 인물도 그랬다. 그의 만년에 내 뱉은 고백은 참 씁쓸하다. '남들이 알아주지 않더라도 섭섭한 마음을 내지 않아야 한다!'(人不知而不慍). 그랬다. 공자는 안 되는 줄 뻔히 알면서도 마땅히 해야 할 일을 끝내 하고자 하였던 사람일 뿐이었다.

진정한 공부는 오지 않는 것을, 마음 비우고 기다리는 연습이다. 수주대토(守株待兔)의 일화처럼, 다시 올 리도 없을 토끼를 무작정 기다리는 일이다. 남들이 떡 줄 생각도 않는데, 김칫국부터 마시는 '희망' 찾기에 또 우리는 얼마나 골몰해 왔던가. 찬란하게 동이 터올 것이라는 소망을 버리지 않고, 칠흑의 어둠을 지키는 야간 경비원처럼, 태양이 있다는 '개념'을 갖고 있는 사람들은 참 고통스럽다. 그럴수록 회전초가 되자! 자신이 바로 허공의 태양이 되어 끈질기게 나를 비추는 일 말이다.

26. 불온한 '친(親)' 자

민족의 울분, 과거서 벗어나 현재에 대한 자신감 생겨야 사랑하는
한일관계 원년 된다

'친하다'는 말이 왜 이상한가? 친구, 친애, 친밀, 친절…처럼 '친(親)'
자가 들어간 말에 거부반응을 느낄 사람은 없다. 그런데 이 '친' 자가
유독 이웃 나라 일본의 '일(日)' 자 앞에만 붙으면 사달난다.

우리 기억 속에 일본은 임진왜란, 일제강점의 치욕으로 해서 불편
한 대상이다. 독도나 위안부를 둘러싼 일본의 태도에 수시로 국민감
정은 들끓는다. 하여 우리에게 일본은 아직도 상처와 아픔만 주는 불
운의 존재이다. 일본의 우경화와 혐한 세력의 득세는 일본에 대한 우
리의 친밀감은 수시로 지워진다. 그럴수록 '친일'이란 말에 소름이 돋
는다. 평소 잘 쓰던 '친' 자가 불편해진다. 과거나 지금이나 한 인간을
매국노로 몰아붙일 작정이라면 친일, 친일파라는 낙인을 찍는다. 정쟁
을 하다가 이 카드를 꺼내 들면 멀쩡한 인간과 그 이력이 순간 형편없
이 구겨진다. 친미니 친중이니 하는 말들과는 비교가 안 된다. 그 파괴
력은 가히 천문학적이다.

우리 현대사에 하나 더 있다. 정적을 공산주의자로 몰아세우는 매카시즘인 '친북'이란 말이다. 우리 역사가 만든 불온한 '친' 자이다. 그 보이지 않는 손에 악수를 할 글자는 무엇일까. 메르스에 감염된 것처럼 '친' 자가 붙어 이념적, 사상적으로 격리되는 일이 많다면 불행이다.

돌이켜보니 우리 역사에 '친' 자를 꼬투리 잡았던 기억이 더 있다. 『대학』이라는 책 첫머리에 나오는 '친민(親民)'이다. 『대학』이란 책은 본래 『예기』라는 텍스트 속에 기껏 「대학편(大學篇)」이라는 한 챕터로 꽁꽁 숨어 있다가 운 좋게 발굴된 것이다. 정주학에서는 이 '친' 자를 새로울 '신(新)' 자로 바꾸어서 '신민(新民)'으로 읽는 관례를 만들었다. 정주학을 숭상한 조선사회에서는 이런 주장을 금과옥조로 여겼지만 사실 그것은 날조이다. 여기에 정당한 이의제기를 한 사람이 있었는데, 왕양명이다. 이후 양명학 계열에서는 원 텍스트에 '친민'으로 되어있으니 그대로 읽어야 한다는 입장으로 맞섰다. 맞는 말이다. 그러나 이런 주장은 정주자학의 권위와 횡포로 불온사상으로 찍힌다.

현재 한국과 일본 사이에 다시 과거사가 문제다. 주위에는 '기억 지우기' '생각 버리기'니, 과거도 미래도 아닌 '지금·여기를 살아라!' '현재를 사랑하다 죽어버려라!' 등의 주장이 넘친다. 그런데 유독 한일 관계에서만은 이런 어휘나 슬로건들이 맥을 못 춘다. 현재 속에 너무나 많은 과거의 살이 달라 붙어있고, 또 과거 속에는 너무나 많은 미래의 근육이 이어져 있기 때문이다. 전진하려니 짐 때문에 자꾸 미끄러져 내리고, 후진하려니 갈 길이 너무 멀다. 머뭇머뭇…답답한 한일 관계. '한 많고 설움 많은 과거를 묻지 마세요!'라고 딱 잘라 말하고 현재를 사랑하는 한일 관계의 원년을 만들 수는 없는가? 결국 일국주의를 넘어선 양국 지도자들의 통 큰 결단에 기댈 수밖에 없으리라. 그러나 궁극적으로는 '친' 자의 불온감이나 콤플렉스를 툭툭 털고 일어서는 용기는 결국 '현재'에 대한 자신감에서 온다.

그러려면 우리 내면부터 평온해져야 한다. 민족적 울분과 원한을 과거의 탓으로만 환원시키지 않으려는 지성의 힘, 거기서 용서와 관용이 싹 튼다. 그때 비로소 친일의 '친' 자마저 친선경기의 '친' 자처럼 평이하게 들릴 것이다.

27. 밥숟가락 들 힘도 없어서야

공포와 두려움에 지레 겁먹고 도망치지 말고, 제 할 일 제대로 꿋꿋이 하자

"한국은 메르스와 대중의 공포, 이 두 가지 전투를 치르고 있다." 좀 지난 이야기이지만, 2015년 9일, 미국 CNN 방송은 이렇게 보도했단 다. '병' 자체와 사회로 확산되는 '병에 대한 공포심'은 분명 다른 것이 나 이 둘이 뒤섞여 사회를 불안케 하고 있다는 말이다. 전염병에 허물 어지는 개개인 신체적 면역 체계도 심각하나, 더 걱정인 것은 멘붕 상 태에 빠져 갈피를 못 잡고 헤매는 우리 사회의 심리적 면역 체계이다. 얼이 빠지고 넋이 나간다는 '혼비백산(魂飛魄散)'은 인간의 죽음을 뜻 한다. 몸(신체)이 허물어지면 곧 마음(정신)도 파탄난다. 개인의 신체 도, 사회의 신체도, 국가의 신체도 마찬가지이다. 일신(一身)의 주인 은 마음(心)이다. 마음이 흔들리고 무너지면 결국 몸도 볼 장 다 봤다.

하멜이 쓴 표류기에서 읽은 적 있다: "달단인들이 빙판을 건너와 우 리나라를 점령했을 때 적에게 붙들려 죽임을 당한 자들 보다 스스로 목을 매달아 죽은 자들이 숲속에 더 많이 발견되었다." "누가 땅에 쓰

러지면 다들 거들떠보지도 않고 줄행랑을 침. 그들은 병자들, 특히 전염병 환자를 몹시 꺼려하여, 그들을 당장 자기 집에서 끌어내다가 마을 밖을 데리고 가서 작은 초막에 살게 함." 기록의 진위야 어쨌든 당시 우리나라 사람들은 '병(病)과 죽음(死)' 앞에 매우 겁쟁이였다는 평가이다. 하멜 일행의 눈에는, 죽음에 대한 공포 때문에 자살해버리거나 병자들을 혐오하여 격리하는 일들이 어색했던 모양이다.

골방에 박혀 보들레르의 『악의 꽃』을 다시 읽는다. 불안, 공포의 심리가 매우 사실적으로 묘사된 '천벌받은 여인들' 가운데 한 구절이다: "나를 짓누르는 무거운 공포와, 사방에 흩어진/검은 유령떼가 나에게 덤벼들어,/사방이 피투성이의 지평선으로 닫혀진/움직이는 불안한 길로 나를 끌고 가려는 것 같아." 메르스의 공포로 떠는 현재 한국인의 심리를 쿡 찌른 듯하다. 보들레르는 시집 앞머리 '독자에게'에서 적었다: "우리 머릿골 속에선 수백만 기생충처럼/「마귀」떼가 빽빽이 우글거리며 흥청대고,/숨쉬면 「죽음」이 숨죽인 신음 소리내며/보이지 않는 강물되어 허파 속으로 흘러내린다." 인간 내면에는 이렇게 병과 죽음에 대한 지독한 불안과 공포가 있다는 말이리라.

국가에, 포용하고 용서하는 사회의 여성성이 있다면 기강을 잡고 방위를 담당하며 면역 체계를 수호하는 남성성도 있다. 지금 문제되는 것은 우리 사회의 남성성이다. 이것이 후들후들 떨리고 있다. 거시기 하지만 쪼금 야한 비유를 할까 한다. 남자는 '문지방 넘을 힘만 있어도' '밥숟가락 들 힘만 있어도' 밝힌다고 했다. 우리 사회의 팔에 힘이 빠져 밥숟가락 들 힘도, 아랫도리가 무너져 문지방 넘을 힘도 없다면 어떻게 되겠나. 이것을 과연 국가라 하겠는가. 고대 그리스의 어머니들은 말했단다. "아들아! 방패를 들고 돌아오거라. 만약 그럴 수 없

다면, 방패 위에 실려오거라." 그리스 어머니들의 비장함은 아들보다
더했다. 강한 사회의 남성성은 이렇게 길러졌다. 밥숟가락 들 힘, 문지
방 넘을 힘도 없는 몸은 이미 건강한 몸이 아니다. 국가사회의 신체도
마찬가지이다. 신체의 강건함은 일단 정신의 튼실함에 바탕한다. 지레
겁먹고 도망치지 말자. 각자 할 일은 제대로 꿋꿋이 하자.

28. 사랑하는데 왜 외로운가

나는 남이 아니고 나다. 죽을 때까지 눈 부릅뜨고 쿨하게 살다가 떠나자

　　노래를 들었다. 사랑하는데 외롭단다. 「사랑에 빠지고 싶다」는 제목에 끌렸는데, 다 듣고 나니 쓸쓸하고, 슬프고, 공허하다. 노래 속의 '난 너무 잘 살고 있어…인생은 이토록 화려한데'라는 말이 의심스럽다. 「…난 너무 잘살고 있어 한데 왜/너무 외롭다 나 눈물이 난다//내 인생은 이토록 화려한데/고독이 온다 넌 나에게 묻는다/너는 이 순간 진짜 행복 하니…사랑이 뭘까 난 그게 참 궁금해/사랑하면서 난 또 외롭다/사는 게 뭘까 왜 이렇게 외롭니」빼먹었지만, 노래 제일 앞부분은 이렇다: 「운동을 하고 열심히 일하고/주말엔 영화도 챙겨보곤 해/서점에 들러 책 속에 빠져서/낯선 세상에 가슴 설레지//이런 인생 정말 괜찮아 보여…」운동, 일, 여가 취미 생활, 독서로 세상에 충실히 다가서지만, 이 풍요, 괜찮은 생활, 화려한 스펙의 끝이 결국 '사는 게 뭘까, 왜 이렇게 외롭니'라는 고백에 당도하고 만 것일까.

　　곰곰이 생각해본다. 기성세대, 우리사회가 여태껏 젊은이들에게 열

심히 물려주고자 했던 것은 무엇일까? 돈인가? 명예인가? 꿈·희망 같은 것인가? 안전한 삶인가? 풍요로움인가? 지성인가? 각자 당당한 자신의 행복한 삶의 추구인가? 물어봐도 자신이 없다. 뾰족한 답이 없다. 막막하고, 더 먹먹해진다. 한 마디로 젊은 세대들에게 내 자식들에게 참 "미안하다!" 국가가, 사회가, 학교가, 교사가, 부모가 시키는 대로 충직하게 살아온 젊은이들. 그들에게 우리는 그렇게 투자했다고 생각했는데, 그들이 느끼는 것은 쓸쓸함, 슬픔, 공허함뿐. 그들에게 남은 것이 결국 실직과 상실감뿐인가. 게다가 지금 늘어만 가는 비혼(非婚). 학령인구 감소로 줄어드는 학교와 교사들과 서적들. 젊은이들은 결혼하고 싶어 하지 않는다. 왜? 자식들의 교육비가 막막할 것이고, 미래에 대한 전망이 없기에 눈앞에 훤히 고생보따리가 보이기 때문이리라. 누구에게 무슨 명분으로 결혼하라 하고, 또 자식 키우고, 사회와 국가를 위해 희생 봉사하라고 강요할 것인가. 노인들은 또 어떤가? 무연사회(無緣社會) 속에서 서성인다. 무연고의 독거노인, 늘어가는 무연고 죽음과 묘지, 중년 이후 무연고의 고독, 사랑, 성(性) 그리고 쓸쓸함. 수명은 길어지는데 우리는 어떤 준비를 하고 있는가. 어디까지 나는 나를 책임질 수 있는가. 돌아보면 과제만 수북하다.

그러나 그럼에도 살아야 한다. 포기하지 말고, 끝까지 나는 나로서 살아남아야 한다. 나는 남이 아니고 나다. 죽기 전까지 끝까지 눈알을 부릅뜨고, 나에게 주어진 길을 똑바로 쳐다보며, 내 삶의 당당한 주인공으로 걸어가야 한다. 남이 내 삶을 대신 살아줄 리 없다. 어차피 태어난 이상 당당하게 살다 웃으며 떠나야 한다. 각자 쿨 하게 살다 가는 사생관(死生觀)을 가져야 할 때다. 길은 험하다. 꾸부러지고 움푹 패이고 때론 뚝 끊겨 있기도 하다. 그럴수록 스스로의 관점과 전망을 가져야 한다. 가치관과 세계관은 사회가 공짜로 가르쳐 주지 않는다. 스스로 배우고 터득해야 한다. 내 운명을 신에게도 내맡기지 않고, 스스로 개척해 간다는 '조명(造命)'을 선언한 사람들이 있다. 팔자를 자기 손으로 뜯어 고치고 수리하려 했던 용기 있는 자들이다. 이쯤에서 다음 구절을 떠올리자: "분투하고, 추구하고, 발견하고, 결코 굴하지 않으리니!"(To strive, to seek, to find, and not to yield).

29. 좀 섹시하게 늙어가자

평생 공부는 청춘의 특효약 책 장 넘기는 소리 멈춘 사회 이미 영혼이
고령화한 사회

나이 티 내는 사람들이 싫다. 서울 가는 기차 속 두 중년 남자가 언
성을 높인다. 서로 형이라 우긴다. 음력이니 양력이니 옥신각신. 심지
어 몇월 몇일까지 따져댄다. 꼴불견이다. 참네, 그게 무슨 대수라고.
나이든 것을 서로 잘 났다고 폼 잡는 투다. 얼마나 할 일이 없었으면
그깟 나이나 따지고 앉았을까. 그럴 시간에 신문이라도 한 줄 읽지. 이
런 저런 생각을 하니 내 나이도 만만찮다. 측은해진다.

그러나 나는 각오하고 또 각오한다. 나이 들어도 노약자석이나 경
로우대석에는 절대 앉지 말아야지. 남들에게 양보해야지. 늙은이 대접
받을 생각을 말아야지. 나이 들었다는 이유 하나만으로 젊은 사람들
을 다그치거나 나무라지 말아야지. 이 세상에 늙지 않는 사람이 어디
있는가. 늙어가면서 투덜대지 말아야지. 불평하지 말아야지. 과연 내
불만을, 나의 서글픈 이야기를, 누가 몇 명이나 들어줄까. 가엾고, 없
어 보이는 내 하소연도 한두 번이지. 모두 들어주는 척하다 자리를 뜰

것이다. 무엇이든 한때 잘 나갔으면 끝내 저물기 마련(物壯則老). 늙음을 달갑게 받아들이자. 당당하고, 섹시하게 늙어가자. 생 · 로 · 병 · 사는 각기 평등하다. 모두 값진 것이다. 생각해 보니, 「삶은 나를 수고롭게 하고(勞我以生), 늙음은 나를 편안하게 하고(佚我以老), 죽음은 나를 쉬게 한다(息我以死)」는 말이 참 좋다. 주어진 흐름을 사랑하며 사는 일 아닌가.

나이 들면 누구나 약해지고, 아프기 마련이다. 하나도 이상할 것이 없다. 춘하추동의 순환, 일월영측의 변화처럼, 자연스런 일이다. 옛날 사람들은 입버릇처럼 읊조렸다. '화무십일홍, 달도차면 기운다'고. 심각한 고령화 사회로 들어서는 우리 사회에 이제 독거, 고독이란 말이 일상어가 되었다. 바로 이 때다. 단독자로 우뚝 설, 스스로의 연습 시기이다. 이왕이면 더 아름답고, 더 섹시하게 늙어가자. 그러려면 적어도 다음 두 가지 원칙이라도 갖자.

첫째, '그 어떤 것에도 기대지 말고, 홀로 우뚝 서겠다는 각오로 살자!' 무언가에 '기대는' 습관부터 일찌감치 고치자는 말이다. 사람에도, 돈에도, 자식…, 그 어떤 것에도 의존하지 말자. '남 때문에'가 아니라 모두 '내 스스로를 위해서, 내가 그렇게 한다'는 '아자연(我自然)'의 태도로 살자. 힘닿는 데까지 내 손으로, 내 발로, 내 능력으로 해내리라는 각오이다. 쉽지 않을 것이다. 그러나 반복하고 또 반복하면서 오뚝이처럼 홀로 설 수 있으리라.

둘째, '평생을 공부하는 학생 기분으로 살자!' 고전을 읽든, 하고 싶었던 한 분야를 더 파고들든 책을 손에서 떼지 말자. 배움을 포기하지 말자. 공부는 돈 안들이고 젊어지는 방법이다. 배움은 생로병사의 두려움을 줄일 수 있는 특효약이다. 특히 인문 공부는 자신의 영혼을 돌볼 수 있는 고차원의 의료 행위이다. 선지자들은 평생 '공부하다 죽겠다(學以終身)'거나 '공부하면서 늙어가겠다(學到老)'고 했다. 배움의 다짐은 처절했다. '책이여! 죽을 때까지 서로 헤어지지 말자(書也相殉不相訣)/죽으나 사나 기쁘게 책벌레가 되자(生死書中喜作蠹)' 이렇게 계속 학생으로 남을 수만 있다면 날마다 청춘일 수 있으리라. 한번 눈여겨 보라. 대중교통 차량 속에서 누가 책을 읽고 있는지. 거의 없다. 책 장 넘기는 소리가 멈춘 사회, 이미 영혼이 고령화한 사회이다. 슬프다.

30. 하직(下直)의 연습

시선은 늘 현재·미래로 향해 고독·독거를 견디는 힘은 하직하는
마음에서 길러진다

박목월의 시 '난(蘭)'을 읽는다. 「이쯤에서 그만 하직(下直)하고 싶
다./좀 여유가 있는 지금, 양손을 들고/나머지 허락받은 것을 돌려보
냈으면./여유 있는 하직은/한포기 난(蘭)을 기르듯/애석하게 버린 것
에서/조용히 살아가고,/가지를 뻗고,/그리고 그 섭섭한 뜻이/스스로
꽃망울을 이루어/아아/먼 곳에서 그윽이 향기를/머금고 싶다.」 여유
있을 때 두 손들고 항복하고 그만 하직하라 한다. 그리하여 멀어지고
버려지나, 그 애석함 섭섭함을 난 한포기 키우는 마음으로 조용히 살
아가라 한다.

하직이란 죽어서 이 세상을 떠나는 것, 먼 길 떠날 때 웃어른에게 작
별을 아뢰는 것, 그 자리 그 시간에서 바로 물러나는 것을 말한다. 하
직은 '낙하(落下)'처럼 거침없이, 미련 없이 뚝 떨어져 나가버리는 것
이다. 빗방울이 똑똑 떨어지듯, '뚝뚝 낙엽이 떨어지는데…'처럼, 뒤도
돌아보지 않고 뚝 아래로 곧장 향하는 것이다. 김수영의 시 「폭포」는

이런 모범을 보여준다. 「폭포는 곧은 절벽을 무서운 기색도 없이 떨어진다./규정할 수 없는 물결이/무엇을 향하여 떨어진다는 의미도 없이/계절과 주야를 가리지 않고/고매한 정신처럼 쉴 사이 없이 떨어진다.」 그냥 밑으로 '똑바로 가는 것'이 하직이다. 굽지 않고 '곧 바로' 향하는 것, 정직(正直), 솔직(率直), 강직(强直)이다. 이런 행동들이 가끔 어리석게 비치니 '우직(愚直)하다' 한다. 또한 곧이 곧 대로 무언가를 올 곧게 지키는 사람을 '-지기'라 한다. 산지기, 등대지기가 그렇다. 당직(當直), 일직(日直), 숙직(宿直)도 모두 '-지기'들이다. 외롭게 그 자리를 지키는 사람들 아닌가. 그러나 쭈욱 쭉 뻗어나가는 이런 능력(直)이 없다면, 만물을 실어서 키우고 기르고 쉴 수 있는 평평함(方)을 만들어 낼 수도 없고, 넓고 너른(大) 저 광활한 대지를 확보할 수도 없으리라. 사방으로 곧게 나아가는 힘, 그런 시야가 일단 확보되어야 세상이 넉넉해진다.

무언가로부터 뚝 떨어져 곧게 나아가는 일은 그것을 잘 지켜내는 힘이 있어야 한다. 그런 사람의 마음속에는 분명히 어떤 생각과 철학이 있다. 그 숨은 뜻은 그를 바라보는 많은 사람들이 알기 마련이다. 『대학』에서는 말한다. 「많은 눈이 쳐다보는 바이며(十目所視), 많은 손가락이 가리키는 바이니(十手所指), 그것은 두려운 것이구나(其嚴乎)!」. 온 사방의 많은 눈들 - 그것이 적이든 아군이든 간에 - 이 그를 쳐다보고 있는데, 무엇을 숨기랴.

기억은 과거에 뿌리를 두지만, 시선은 늘 현재와 미래로 향하는 법. 기억은 시간-이력을 더듬고, 시선은 공간-위치를 점검한다. 하직은 땅, 인간의 공간, 나 자신의 위치로 돌아오는 연습이다. 땅 위에서 시선을 확보하고, 자신의 진정한 길을 찾는 본능적 동작이다. 길 위에서, 길 따라서, 올곧게(直) 마음(心)을 내는 것(彳), 이것을 '덕'이라 부른다. '마음을 바르게 행동으로 옮기는' 덕의 포인트는 바로 곧음=직(直)이다. 덕 있는 인간은 결코 외로움 속에서 살지 않는다(德不孤). 외톨이가 되지 않는다. 설령 많은 사람들이 그를 등지고 박해한다 하더라도, 누군가는 반드시 그의 뜻을 알아주고 축 처진 그의 어깨를 두드려 주리라(必有隣). 고독, 독거를 견디는 힘, 그것은 무언가로부터 뚝 떨어져 곧게 조용히 살려는 하직하는 마음에서 길러진다.

31. 인지헌(仁智軒), 필로소피아의 베란다

얼어붙은 겨울 땅에서부터 만물의 따스로운 봄 시작, '투 트랙 전략' 외교 필요

지난 해, 옥산서원(玉山書院)의 독락당(獨樂堂)에 들렀다. 평소 가고 싶었던, 경주 안강 옥산리에 있는 회재 이언적의 고택 사랑채다. 조선 중기의 박인로는 독락당을 찾아 회재를 사모하는 마음을 담고 주변 경관을 읊은 가사 '독락당'을 지었다. 장현광 문하의 이지백은 독락당을 호로 삼고 영천의 용산리 원각에 은거 강학하는 정자 독락당을 지었다. 뿐만 아니다. 순천 선암사 등에도 독락당이 있다. 유교 전통에서는 홀로 있을 때, 나 홀로 있다는 생각을 삼가라는 뜻에서 '신독(愼獨)'을 중시하나, 우리 선현들은 유독 '독락'을 목표로 삼았다.

독락당, 홀로 있는 고독한 시간을 즐거이 지내려는 집 아닌가. 자줏빛(紫) 구슬(玉)의 산 자옥산에서 흘러내리는, 자줏빛 시냇물 자계에 노닐던 노인 회재를 생각하며, 독락당 뒤안 계곡을 거닐다가, 문득 눈에 띈 것이 바로 '인지헌(仁智軒)'이다. 아! 저건 사랑(인)과 지혜(지) 곧 필로소피의 베란다 아니랴! 철학은 희랍어로 필로소피아

105

(philosophia)다. 필로는 '애(愛)', 소피아는 '지(智)'이니, '지혜사랑= 애지' 아닌가. 또한 '애'는 어질 '인' 자와 통하니, 애지를 '인지'로도 번역할 수 있다.

'인지헌'은 보나마나 '동북(東北)' 쪽이다. 왜냐하면 '동'은 인(仁)- 춘(春)-원(元)-생(生)을, 북은 지(智)-동(冬)-정(貞)-장(藏)을 상징하기 때문이다. 인의예지의 첫 글자와 마지막 글자를 딴 '인지'는 춘하추동의 '춘동', 원형이정의 '원정', 생장수장의 '생장'과 상통한다. 두 글자만으로 네 글자 한 세트의 의미를 함축하니, 알파요 오메가다. 그런데 안목이 있다면 '인지'라 썼지만 '지인'으로 잘 바꿔 읽을 수 있어야 한다. 무슨 소린가. '동쪽=봄'에서 '북쪽=겨울'이 오는 게 아니라 반대로 '북쪽=겨울'의 언 땅, 그 깜깜하고 차디 찬 곳에서 '동쪽=봄'이 시작된다는 뜻이다. 이 점을 깨치면 '지(智)' 자가 그 나머지 셋 '인의예'를 다 감추고 있는 것이니, 감출 '장(藏)' 자와 단짝임 간파해낸다. '지장설'(智藏說)! 이런 독법은 거의 잊혀졌다. '지장'이란 지혜의 씨앗(밈)을 묻고 있는 어둡고 차디찬 땅의 상징이다. 그래, 북쪽은 '흑(黑)·룡(龍)'의 땅이다. 깜깜한-검은-가물가물한 곳이라서 '현(玄)' 한 글자로 축약된다. 참 '묘(妙)'한 곳이다. 인간의 서늘하고도 오묘한 두뇌가 바로 이것이다. 모든 문명의 봄, 생명의 미래가 여기서 펼쳐진다. 퇴계 이황은 이 '지장설'에 선경지명을 가졌다. 이 사상은 에도시대 일본 주자학에도 영향을 미쳤다.

만물이 모두 봄에 시작한다고? 아니다. 착각이다. 꽁꽁 얼어붙은 겨울 땅에서부터다. 이런 '북쪽=지'의 통찰을 상실하면 따사로운 봄날을 얻기 힘들다. '차가운 빙점' 근처만 서성일 뿐이다. 이곳을 잘 풀어내야 '장벽은 무너지고 강물은 풀려…'처럼 '동쪽=인'이 순조롭게 열려온다. 지금 중국, 러시아, 북한이 '북쪽=지'이고, 미국, 일본은 '동쪽=인'인데, 우리 외교는 이 두 곳 다 막혀있다. 무엇보다 '북쪽=지'를 장악하고 '동쪽=인'을 풀어가야 하리라. 미래 지혜의 씨앗(밈)은 중국, 러시아, 북한도 잘 다루면서 미국, 일본도 함께 움직여가는 '투 트랙 전략'에 있다. 필로소피아의 베란다, 인지헌(仁智軒)이 이를 암시한다.

32. 고절(孤絶)에 맞짱뜨기
단독자로 선다는 것은 '무의미'를 견디는 일이며 고독을 즐기는 훈련이다

새벽 녘 창가엔 바람이 흔드는 나무 그림자로 가득하다. 「성벽은 말 없이/차갑게 서 있고, 바람결에/풍향기는 덜걱거리네」라고, 시인 횔 덜린이 '반평생'에서 읊었듯이, 등불을 끄면서 잠시 생각해본다. 몇 겹 의 문을 닫으며 4중, 5중으로 갇히면서, 뚜벅뚜벅 고요 속으로 걸어드 는 용기가 없다면 우두커니 바람을 견디며 덜걱대는 저 나뭇가지의 자유를 얻지 못하리라!

어둠이 내리고, 현관문을 닫고, 신발을 벗고, 방문을 닫고, 전등을 끄고, 마지막 눈꺼풀을 닫아야 내 잠은 편히 자리 잡는다. 몇 겹의 장 미 꽃잎 같은, 세상의 수많은 눈꺼풀이 닫히고, 그것마저 어둠이, 망각 이 삼켜버린 곳. 세상과 결별하고, '나'라는 의식마저 지워야 당도하는 고요한 잠의 자리. 그것은 결코 시든 것이 아니다. 잠시 눈을 감는 판 단 중지거나 모든 것의 일단 보류, 아니 귀휴(歸休)이다. 릴케가 적었 던 묘비명도 이런 뜻이었을까. 「장미여, 오 순수한 모순이여,/그리도

많은 눈꺼풀 아래/누구의 것도 아닌 잠이고픈 마음이여」.

그릇 속에 그릇이, 또…여러 그릇 속 묻혀들어 간 겹겹이상자. 인형 속에 인형이 5겹 6겹으로 숨어든 목제 러시아 인형 마트료쉬카. 어쩌면 잠으로 찾아드는 길은 평온을 회구하는 횔덜린의 '귀향'과도 닮았다. 「…나도 정말 고향 찾아가고 싶구나.//아! 그대들,/내 어린 시절의 숲들이여, 내 돌아가면/그 옛날의 평온을 다시 내게 주려나.」 자물쇠로 걸어 잠그고, 보이지 않는 몇 겹의 바리케이트를 치면서, 자신의 고독 속으로 걸어 들어가는 길은, 걸음 저 뒷편으로 모두 밀려나 닫히고, 꺼지고, 끊긴다. 그렇게 가물가물 멀어질 때, 눈꺼풀 속에 갇힌 눈알의 검붉은 고요. 간간이 스치는 황금빛 자락들, 붉은 복숭아 꽃잎 넘실대는 평온과 자유를 한 폭의 「몽유도원도(夢遊桃園圖)」라 치면 어떨까. 세종의 셋째 아들인 안평대군이 무릉도원을 찾는 꿈을 꾸고, 그 내용을 안견(安堅)에게 설명한 뒤 그리게 했다는 몽유도원도. 거기엔 사람의 자취가 없다. 안평이 꿈에 거닐던 도원 속, 아련한 풍경 묘사는 이렇다. 「죽림과 기와집…집은 사립문이 반쯤 배시시 열려 있었고…앞개울에는 작은 배 한척이 물살에 흔들흔들. 집은 인기척 뚝 끊겨 쓸쓸한데…」 아, 아름답고 슬픈 '고절'(孤絶) 아닌가. 사실 고절의 존재방식은 배마저도 버린 것이어야 했다. 애당초 신발도, 옷도, 심지어는 나라는 꺼풀도 벗어던지고, 떠나는 것이어야 했다.

파스칼은 '우리의 불행은 거의 모두가 자신의 방에 남아 있을 수 없는 데서 온다'고 했다. 물론 그 반대도 있겠지. 자기 방구석에만 콕 쳐박혀, 어디론가 훌쩍 한번 못 떠나는 불행. 허나, 이것은 절대고독 속에 단독자로 서는 대담한 용기에 비길 바가 못 된다. 보라, 상촌 신흠의 시를. 눈물 날 정도로 고절이 살아 꿈틀대고 있지 않은가. 이토록 쓰디 쓴 마음을, 처절하도록 냉정하게 풀어내는 기술은 어디서 오는 것일까. 「오동나무는 천년을 묵어도 제 곡조를 간직하고(桐千年老恒藏曲), 매화는 평생을 춥게 지내도 향기를 팔지 않는다(梅一生寒不賣香), 달은 천 번을 이지러져도 본바탕은 그대로며(月到千虧餘本質), 버들가지는 백 번을 꺾여도 새 가지가 돋는다(柳莖百別又新枝)」. 단독자로 선다는 것은 '무의미'를 견디는 일이다. 고독을 즐기는 '독락(獨樂)'을 터득하는 훈련이다.

33. 밤안개 속의 사랑

자연의 순리로 모든 것 진행 이권-권력도 안갯속 아닌 공개된 장소서
짝짝꿍해야

1971년 가수 배호가 죽은 뒤, 40여년 만에 발견된 미발표곡 '밤안개 속의 사랑'을 생각한다. 취입은 했으나 발표를 못한 채 세상을 떠나, 줄곧 묻혀 있었던 노래다. 몇 해 전 나는 비 내리는 날 국수집에서 처음 그것을 들었다. 국수자락을 삼키다 말고, 멍 때리며 한참 앉아 있던 기억이 난다. 그 뒤 아마 백번은 더 들었으리라. 왜냐면, 우리 사회가 겪었던 슬픔과 한(恨)의 '밈'을 느꼈기 때문이다. 한 박자 빨랐던 배호의 삶을 담은 노래는, 한 박자 느린 걸음으로 절뚝대며 안개 속을 부유하던, 우리 역사의 르쌍티망이리라.

'고요한 안개 속에 헤매는 이 밤/깨여진 사랑에 가슴 아파서/정처없이 걷는 이 발길/아~쓰라린 가슴 못 잊을 추억이여/고요한 안개 속에 사랑을 불러본다' 이 노래를 들으면, 참 많은 것들이 떠오른다. 무언가를, 누군가를 사랑한다는 것은 무엇일까? 하필이면 안개 속에서 헤매는 것일까? '...짓밟힌 청춘의 미련만 남아...깨여진 가슴 못 잊을

111

추억이여...' 2절은 이렇게 이어지나, 결국 희망이 보이지 않는 미로 속을 헤맬 뿐이다.

최근 비타500 박스 속에 넣어 전달됐다는 돈의 실체를 생각한다. 돈은 그냥 돈이 아니었다. 권력-이권 사이의 밀애를 나누던 혀였다. '색(色), 계(戒)'처럼 까발려서는 안 되는, 벗김-노출을 거부한 것이었다. 감춤-금기-은폐 속에서만 이루어져야 하는 짜릿한 사랑의 교신이었다. 안개 속에서만 달콤해야 할 부끄러우나 덧없는 사랑, 아니 서로 간의 믿음과 의리의 확신이었으리라. 그러나 모두 말라비틀어진, 우리 사회가 이미 잃어버린 가치의 서글픈 이마 아닌가. 군신유의 · 붕우유신으로 언급되던 의리 · 신의는 이제 조폭영화에서나 존재할 뿐이다.

박스에 가려진 달콤한 권력-이권, 그 밀애의 현장은 가림막이 걷히면 곧 발각되고 만다. 믿을 것도 의지할 것도 없는 '짓밟히고...깨어질' 것 들이다. 권불십년(權不十年)이라는 교훈을, '화무십일홍(花無十日紅) 달도 차면 기운다'는 노래가락 차차차(次次次)를, 우린 믿는다. 일월영측(日月盈昃)이니, 모든 것은 차차차차 진행되는 자연의 순리다. 달콤했던 순간도 사라지기 마련이다. 그런데 왜 권력-이권의 밀애에는 반드시 그 은밀한 부위를 가리개로 가릴까? 인류가 초창기부터 생식기를 나뭇잎, 팬티 등으로 가리는 것은 실제 예의상이거나 부끄러워서가 아니다. 남녀 간의 사랑으로 탄생할 2세의 안전을 위한 것이다. 번식기의 나약하고 취약한, 은밀한 부위를 보호하기 위한 이기적 행위이다. 권력-이권 사이에서도 그렇다.

그런데 무릎 위 30cm의 에로티시즘을 단속질 하는 '색, 계'처럼, '권(權), 계(戒)'는 논하되 왜 '권, 불계(不戒)'에는 침묵하는가. 지식과 사유 세계에 '계' · '불계'의 왈가왈부가 있어도, 민주주의 사회에 '권 ·

112

불계'는 불선하다 하겠다. 그러나 기여입학제처럼 '기여정치제' 식의 해방구역은 불가할까. 치졸한 '밤안개 속의 사랑'을 '노!'라 한다면 대명천지의 사랑, 권력·출세욕의 일탈구역을 양성화하는 것 말이다. '예기'에서는, 음력 2월 봄 기운이 왕성한 파종 시기에는 남녀가 눈이 맞아 야반 도주해도 막지 않는다(奔者不禁)고 했다. 권력−이권이 '안개 속'이 아닌 공개된 장소에서 떳떳하게 짝짜꿍 하는 것을 잠시 공상해본다.

34. 삶은 맨발

삶의 흐느적거림 · 끈적댐. 흔적은 신발이 만드는 것. 삶은 맨발이다

'오늘도 걷는다마는…' 삶은 원래 정처가 없다. 걸어도 걸어도 그 자리, 가도 가도 떠난 자리. '행행도처(行行到處), 지지발처(至至發處)'다. 처음 이 땅에 '맨발'로 왔듯, 우리는 다시 맨발로 떠나야 하리.

사람은 위대하거나 허접하거나 결국 흙에 묻힌다. 종일 쉴 틈 없이 먹이를 찾아 뛰어다니다가 덥석 덫에 걸려드는 짐승처럼, 잘 났거나 못났거나 우리는 하나 같이 흙(고향)으로 돌아간다. 우리가 진정 사랑하고 아낄 것은, 명예도 돈도 애인도 아니다. 꽃 피고 눈 내리는 곳, 저 대자연이다. 모든 것을 다 받아들이고도 끝내 고요히 입을 다물, 흙먼지 튀기는 땅 위로 누가 또 얼마나 헤매었던가. 자신의 체중을, 허기지는 고된 나이를 느끼며, 발밑의 물집 하나하나가 아픔으로 다가오는, 직립보행 인생의 쓰리고도 아픈 순간 속에서만 제대로 된 내 몸의 꿈틀거림을 만난다. 자동차의 안락의자에 나를 맡겨버리면, 이렇게 넝쿨째 굴러 들어오는 싱싱한 내 몸을 만날 수 없다.

『금강경』의 앞부분이, 그림처럼 떠오른다. 밥 한 술 동냥하러 떠나는 거지들의 맨발 행렬, 그 맨 앞에 왕초인 석가가 서 있다. 터벅터벅, 걸식한 밥그릇을 챙겨 들고, 갔던 길을 줄지어 다시 돌아온다. 밥 먹고 각기 밥그릇을 씻고, 이어서 발을…. 자리에 앉아(洗足已, 敷座而坐) 조용히 마음 챙김에 들어간다. 참, 성스런 장면 아닌가. 그릇도 맨발, 삶도 맨발이 되는 거기, 바로 우리가 안길 고향이다.

석가가 쿠시나가라의 사라쌍수 아래서 입멸하자, 입관(入棺)하였다. 가섭(迦葉)이 다른 지방에서 그 소식을 듣고 달려와 슬피 울자, 관의 한쪽이 터지면서 석가는 두 맨발을 삐죽이 내밀어 보였다. 한승원의 장편소설『사람의 맨발』의 프롤로그와 에필로그에는 이 대목이 감칠맛 나게 묘사된다. 작가는 곽시쌍부(槨示雙趺)의 의미를 '맨발'에서 찾는다. 슬프고도 장엄한 출가정신의 표상이 석가의 맨발이다. '신발 한 짝'을 무덤의 관 속에다 두고, 다른 한 짝을 오른쪽 어깨에 달고 서역으로 돌아간 달마 이야기는 또 어떤가. 아무 말 없이 짚신을 벗어서 머리 위에 뒤집어쓰고 방을 나가버린 조주스님은 또. 나는 죽고, 온 몸이 무(無)로 향하는 그 걸음걸이를 따라잡아야, '문 없는 문' '길 없는 길'을 만난다.

줄거나 한 눈을 팔면 어느새 대열을 이탈하여 유령들의 밥이 되는 사막. 중국 동진의 승려 법현(法顯)은 장안을 떠나 서역을 여행한다. 돈황 옥문관을 벗어나 타클라마칸 사막에 접어들자, 처참하다. "사하(沙河)에는 악귀와 열풍이 자주 출몰한다. 그것을 만나면 아무도 무사할 수 없다. 하늘에 나는 새 한 마리 없고, 땅위론 달리는 짐승하나 없다. 아무리 둘러봐도 아득할 뿐 어디로 가야 할 지 방향을 알길 없다. 오직 죽은 이의 마른 해골로 표지를 삼을 뿐이다. 열이레 동안 대략 천

오백 리 쯤 걸어서 선선국(鄯鄯國)에 도착했다." 진정 우리가 가야할 길은 이처럼 늘 쓰라리다.

죽기 전에, 내 몸과 대지가 하나가 되는 연습을, 틈틈 해두어야 한다. 삶의 흐느적거림, 끈적댐. 이런 흔적은 신발이 만드는 것(履之所出). 나와 땅 사이를 신발이 이간질 해대나, 고귀한 님은 버선마저 벗어들고 맨발로 달려가야 겨우 만나는 법. 우리는 뭣 하나 제대로 벗어 던질 줄 모른다. 흔적에 도취돼 발의 사이즈조차 모른다. 그래봤자 어차피 삶은 맨발이다.

35. 분서, 그 오래된 책의 화형

책-문자-언어 형식은 가상 역사의 진보와 마찬가지로 학문도 그때그때만의 진보

방의 머리맡에 어지러이 흩어진 책들. 서재 이곳저곳 삐뚤삐뚤 쌓여 높아만 가는 책들을 쿨 하게 태워버릴까 생각해본 적이 있었다. 여태 그러지 못하고 있는 것은 아직 책에 미련이 많다는 것. 더 이상 쌓아둘 곳은 없는데, 태워버리기는 아깝고, 계륵 같다.

태워버려야 할 책『분서(焚書)』, 묻어버려야 할 책『장서(藏書)』, 이런 아주 폼 나는 책을 쓴 사람이 있다. 명대 말기 진보적인 양명학자 이지(李贄)다. 양명학을 갈 데까지 밀고나가, 그 벼랑 끝에서 책-지식으로 덮을 수 없는 인간의 밑바닥에, 시퍼렇게 빛나는 진짜 마음 '진심(眞心)-동심(童心)'을 발견한 사람이다. 이 정도 되니, 책에다 자신을 슬쩍 숨기고 타인의 문자를 빌어 가식적으로 앵무새처럼 제법 그럴듯하게 '체'하며 멋진 거짓말을 해대는 사이비 지식인을 '짜가'(가짜, 거짓)라 몰아붙이며 '태워버려야 할 책'운운 할만하다. 물론 '분서'하면 대선배가 있다. 진나라 시황제다. 자신의 정치 버전에 맞는 실용서

117

외의 모든 사상서적을 불태우고 유학자들을 흙구덩이에 생매장했다는 '분서갱유(焚書坑儒)'. 이것이 픽션이라는 설도 있지만, 여하튼 책을 '불태운다'는 것은 기존질서-문명체계에 대한 거역, 반항, 이의제기를 상징한다.

불교에서는 경전을 '밑 닦는 휴지', '우는 아이 달래는 종이돈'이라고도 한다. 책-문자-언어라는 형식은 가상, 방편이라는 이유에서다. 부처를 '뒷간의 똥막대기'라느니, 심지어는 법당의 목불을 도끼로 쪼개서 아궁이에다 불쏘시개로 쳐대면서 "사리가 나오지 않으면 부처도 아니지"라 중얼댄다. 그뿐인가, 석가가 태어나자 일곱 걸음을 옮기면서 '천상천하유아독존'을 외쳤다는 대목을 두고, "내가 만일 그 자리에 있었더라면 그를 때려 죽여 굶주린 개에게 던져주었을 것"이라는 막말을 해대기도 한다. 장난이 아니다. 진리는 꼭 석가에게만 있지 않다는 치열한 구도행위 끝에 던진 절규들이다. 모두 이런 '마지막 한마디'(末後句)를 찾아 나서, 그 눈물어린 구도의 행보 끝에 짚은 경지다. 누구나 살면서, 유언이나 가슴 깊이 꼬불쳐 둔 이별인사 같은, '마지막 어휘'(final vocabulary)를 찾고 싶어 한다. 책을 읽고 진리를 만나러 가는 이유다. 모두 '그대 앞에만 서면 나는 왜 이리도 작아지는가?'라며 징징댄다. 그 마지막 어휘를 찾고서 기뻐하는 순간도 잠시. 다시 수없이 '정신적 경련'(mental cramp)을 일으키며, 맨바닥으로 미끄러져 나가떨어진다.

남명 조식의 문인 덕계(德溪) 오건(吳健)이란 사람이 있다. 그는 스승 남명을 찾아가 『중용』을 배우기에 앞서, 혹시 실수나 할까 두려워, 그것을 무려 3천 번이나 읽었단다. 아, 한번 생각해보라! 3천 번을 읽는 그의 가슴 속을 명멸하던, 무량무량한 번뇌의 굴자들을. "역사의 진보와 마찬가지로 학문의 진보도 항상 그때그때 만의 진보이며 2보도 3보도 n+1보도 결코 진보가 아니다"라고 말한 철학자 벤야민의 말을 기억하자. 학문의 진보란 뭘까?

얼마 전 17세의 학생이 책을 태우다 불을 낸 일이 있었다. 서울 어느 아파트 옥상, 연기가 자욱이 오르는 장면을 보면서, 나는 묻고 싶어졌다. 분서(焚書), 그 오래된 슬픈 책들의 화형(火刑)을, 그는 왜 기어코 보고 싶었던 것일까?

36. 이제 혼자서도 밥 먹을 수 있다

만사를 안다는 것은 밥 한 그릇 챙겨먹는 일 그것이 바로 우리의 옛 고향

'혼밥족'-혼자 밥 먹는 사람들. 최근 유행하는 신조어다. 서울 대학가에 '1인 식당'이 등장했다고 호들갑이다. 이런 게 뉴스거리가 되는 게 뉴스거리다.

90년대 중반 "이제 한국 사람도 혼자 밥 먹을 수 있다."는 글을 읽은 적 있다. 일본의 한 한국학자가 쓴 책에서였다. 이 글을 읽고 '아, 이렇게도 볼 수 있겠구나!'하며 나는 사생활이 들킨 듯 불편했다. 예전부터 우리에겐 혼자 밥 먹는 습관이 부족했다. 최소한 두세 명씩 떼 지어 몰려다녔다. 때가 되면 으레 옆방을 노크하거나 전화를 해서 반강제로 사람들을 모았다. 도시락 싸오는 사람들을 한심한 듯 쳐다보며 '사회성'을 논했다. 대부분의 사람들이 혼자 밥 먹기를 꺼렸다. 식당에서도 버릇처럼 물어댔다. "몇 분이세요?" 혼자인 경우에는 쑥스러워하며 "혼자인데...죄송해요"라고 우물쭈물. 식당 측도 대놓고 재수 없다며 아예 홀로 온 손님은 준비중을 핑계로 내쫓거나, 1인분은 없다며 2

인분 이상의 찌게를 강요하기도 하였다. 더구나 혼자 가면 식당주인이 더 위로해댔다. "왜 혼자 오셨어요?" 왕따 당해서 실연당해서 사회성 없어서 그럴까 걱정되어서 일까. 주변 사람들도 비아냥댔다. "뭐 그리 묵고 살 끼라꼬 청승시럽게 혼자 밥 묵노?" 혼자 절대 밥 못 먹던, 홀로 서지 못했던 우리들의 풍속도였다. 이런 우리 습속을 일본인들이 보고 있었다니! 객관화 된 우리 모습 앞에서 섬뜩했다. 대조적으로 일본인들은 추운 겨울이든, 이른 아침이든, 벤치에서건 식당에서건 홀로 당당히 앉아 밥을 먹는다. 예나 지금이나 그렇다. 80년대 일본에서 머물 때, 홀로 밥 먹는 그들이 내 눈엔 참 처량했다. 지금 생각하면, 그들은 이미 우리의 오래된 미래였다.

일이 생겨 끼니 시간을 훌쩍 넘기거나 좀 당겨서 할 경우 부득이 혼자 밥 먹어야 할 때, 나는 이제 당당해졌다. 생소하거나 서글프지 않다. 천천히 이런 생각 저런 생각하며 즐겁게 나의 자유로운 시간을 곱씹는다. 밥알 하나하나가 오롯이 내 삶의 맛, 의미가 된다. 고독하다는 것은 자유롭다는 것. 자유롭고 싶으면 고독하라! 남들과 아무리 즐거워도 홀로 있는 시간보다 더 자유로우랴. 함께 사는 상처를 넘어, 혼자 밥 먹고, 걷고, 생각하고, 글 쓰는 시간을 갖는 '어른다움'에 우리사회도 막 눈 뜨기 시작했다. 누군가에 전혀 신경 쓰지 않고, 자기 먹고 싶은 것을 골라 천천히 씹어가며, 가장 자신다운 모습으로 자신의 생각 속으로 걸어 들어가는 '느림'의 미학을 생각해본다. 혼자 밥 먹을 때만이 자신의 진면목을 만날 수 있다. 생각을 정리하고, 치아 상태를 점검하거나 몸 상태를 체크하며, 각종 음식 맛의 깊이와 주변의 잡음과 애무하는 여유가 생긴다. "지금 혼자인 사람은 혼자로 남아서/깨어나, 읽고, 긴 편지를 쓸 것입니다."는 릴케의 「가을날」을 되새겨본다.

만사를 안다는 것은 결국 밥 한 그릇 잘 챙겨먹는 일(萬事知, 食一碗)! 밥 냄새 솔솔 풍기니 자동으로 밥상머리 가서 앉는 '곧 즉(即)'자, 뚝딱 밥그릇 다 비우고 얼굴 돌려 일보러 물러나는 '이미 기(旣)'자에는 삶의 알파와 오메가가 들어 있다. 밥 한 그릇 따시게 들 수 있으면 어디든 '고향' 아니랴. 다행히 누군가와 마주 앉는다면 더 따스해지는 밥 한 그릇될 터이고, 그곳이 바로 밥숟가락 달가닥대던 예전 우리네 '향(鄕)'(=고향)이리라.

37. 불혹, 내 나이가 어때서?

자기 얼굴에 책임 져야하고 '삶의 기술'을 터득할 시기, 홀로서기 훈련을

"내일 모레 오십이다…환갑이다…." 대놓고 나이 타령을 시작하면 약해졌다는 말이다. 체력이 딸리거나 말빨이 안 서니, 자식이나 젊은 애들 앞에서 슬슬 '나이' 카드를 꺼내기 시작하는 것이다. 서글픈 일이다. '나이 따짐'은 자연을 질서와 권위로 인정하자는 것. 나이가 많고 적고에 따라 '위 아래'를 정하는, '찬물에도 순서가 있다'는 전통 관례 '장유유서'(長幼有序)에 슬쩍 무임승차 하고 싶어진 것이다.

'연장자가 존중받아야 한다'는 것은 전통사회의 불문율이니, 아래가 위를 존중하는 룰을 침해해선 안 된다. 이것을 '범상'(犯上)이라 했다. 자연 질서인 '나이 따짐'은 사회 질서인 '직급 따짐'과 다르다. 단 1초라도 먼저 태어나면 위(연장자)다. 집 안팎에서 아우 되는 자는 아무리 잘났더라도 형 앞에서 일단 고개를 숙이라는 것, 그래야 버르장머리가 있다는 소릴 듣는다. 이것이 '상치(尙齒)' 즉 나이든 자=연장자(齒)를 존중하는(尙) 유교 전통이다. 『맹자』에 나온다. "세상에는 일

반적으로 세 가지 표준이 있다. 지위(爵)와 연령(齒)과 덕성(德)이다. 지위는 국가의 관료체계(朝廷)에서, 연령은 사적인 향촌사회(鄕黨)에서, 덕성은 공적인 질서유지(保世長民)에서 추켜세우는 개념이다."

치아(齒)는 인간의 생장과 깊은 관련이 있다. 임플란트 같은 인공 기술이 없던 때, 자연 치아의 상태를 보면 나이를 짐작할 수 있었다. 치아는 바로 '나이'='순서'를 상징하였다. 이런 레퍼토리의 능선에 순망치한(脣亡齒寒) 같은 착한 문구도, '경로(敬老)'의 전통도 어엿이 자리했었다. 우리나라에서는 "어른 말 잘 들으면 자다가도 떡이 생긴다"고 하고, 중국에서는 "노인 말 안 들으면 수명이 10년 줄어든다"고 하였다. 모두 나이 존중의 전통에서 유래한 것이다. 노(老)를 '쇠퇴'나 '쇠약'에서가 아니라 '노숙'과 '노련'의 관점에서 재해석한 것이다. 사실 '나이 듦(Aging)'에는 '축하-기쁨'과 '두려움-슬픔'이 공존한다. 『논어』에서 공자는 말한다. "부모의 나이를 알아야 한다. (나이를 기억해둔다는 것은)한편으로는 기쁜 일이고, 한편으로는 두려운 일이다 (子曰, 父母之年, 不可不知也. 一則以喜, 一則以懼)". 부모가 오래 사신다는 것은 분명 기쁜 일이다. 하지만 쇠약해지니 늘 신경 써야 한다는 것이다.

보통 나이 마흔을 '불혹(不惑)'이라 한다. 공자 자신의 인생 단계를 술회한 것이다. 금전이나 이성 문제, 정치적 스캔들 같은 판단착오나 실수를 일으키지 않는 경지에 당당히 올라섰다는 선언이다. 공자는 평생 10년 단위로 큰 자기발전을 이뤄갔다. 불혹이란 말에는, 마흔이 되면 제발 그에 걸맞게 '꼴값 좀 하라!'는 따가운 질책이 숨어있다.

우리나라 사람들의 평균 나이가 마흔이란다. 비로소 불혹의 나라가 됐다. 개인도 사회도 이제 자기 얼굴에 각기 '책임'을 져야할 때다. 철저한 자기관리 말이다. 공자는 『논어』에서 또 한 마디 보탠다. "나이 사십이 되어서도 사람들에게 손가락질 당하면, 그 사람의 인생은 그 대로 끝장난 것이다(年四十而見惡焉, 其終也已)." 뜨끔한 일갈 아닌 가. 마흔이란 '삶의 기술' 터득에 막 눈 돌릴 시기이다. 돈, 사람 그 어 느 것에도 기대지 말고, 홀로 우뚝 서는 연습, 홀로서도 즐겁게 잘 챙 겨먹고, 걷고, 생각하는 훈련을 시작할 때다.

38. 아빠·엄마 왜 나를 버리셨나요

한 해 아이들 300명 버려져. 사회가 책임 못 지는 부분은 개개인이 감당해야 할 몫

어릴 적 고향 읍내를 지나노라면, 늘 귓전을 때려댔다. 저음 가수 배호가 부르던 '생일없는 소년'. 1966에 나온 영화의 주제가다. '어머니 아버지 왜 나를 버렸나요/한도 많은 세상길에 눈물만 흘립니다/동서남북 방방곡곡 구름은 흘러가도/생일 없는 어린 넋은 어디메가 고향이오.//어머니 아버지 왜 말이 없습니까/모진 것이 목숨이라 그러나 살겠어요/그리워라 우리 부모 어드메 계시온지/꿈에라도 다시 한 번 그 얼굴을 비춰주오.' 눈물이 핑 도는 이 노래는 '버리고 떠남' '헤어짐'의 슬픔을 토로한 것이다.

씻김굿처럼, 아니 빗자루처럼, 한 시대의 한을 노래가 쓸고 다닌다. 1957년께에 나온 '해운대 엘레지'도 그렇다. '언제까지나 언제까지나/헤어지지 말자고/맹세를 하고 다짐을 하던/너와 내가 아니냐/세월은 가고 너도 또 가고/나만 혼자 외로이/그때 그 시절 그리운 시절/못 잊어 내가 운다' 종전 후 1956년 발표된 '단장의 미아리고개'의 '단장(斷

腸)'처럼, 쓰라린 이별은 '창자를 끊어내는 고통' 아닌가. 사랑하지만 이별해야 하는 고통, 애별리고(愛別離苦)는 격동의 우리 역사 속에서 '피눈물'로 '정(情)'을 터치한다. '당신이 날 버리고 말없이 떠났을 때, 이 몸은 돌아서서 피눈물을 흘렸다. 어차피 가실 바엔 정마저 가져가야지, 정만을 남겨두고, 어이 홀로 떠나갔느냐' 박일남이 1971에 짓고 부른 노래 '정'이다.

중국 고대의 '시경'에서도 이곳저곳 헤어짐의 비통이 절어있다. 우리의 트로트 같다. '끝내 형제를 멀리 떠나 남을 아비라 부르지만/나를 돌봐주지 않고, 남을 어머니라 부르지만 나를 가까이 하지 않고, 남을 형이라 부르지만 나의 말 들어보려고도 하지 않네' 〈-칡덩쿨(葛藟)〉. '어머니 아버지 왜 나를 버렸나요/한도 많은 세상길에 눈물만 흘립니다'라는 심정과 무엇이 다르랴. 또 '시경'에는 개탄한다. 부모와의 헤어짐 같이 '나 태어난 후에 이 숱한 흉사를 만났으니 아예 잠들어 들리지 말았으면(我生之後, 逢此百凶, 尚寐無聰)' 〈-토끼는 깡충깡충 뛰는데(兎爰)〉하고. 토끼조차도 안 걸리는 이 고통의 그물에 내가 딱 걸려들어 이 모진 시간을 보내야 하는지, 홀로된 아이들은 평생 이런 생각을 벗어날 수 없으리라.

가족이나 미혼모로부터 외면당하는 등 여러 사연으로 부모와 헤어져 홀로 된 아이들. 고아(孤兒), 기아(棄兒), 미아(迷兒). 사회적 약자들이다. 자립하는 일정 연령대까지 보호받아야 마땅하다. 세계의 고아가 자그마치 1억5천여만명이고, 이 가운데 우리 아이들도 100만명 이상. 3만여 고아원이나 보육원에서 양육되고 있단다. "불가피 하게 키울 수 없는 장애로 태어난 아기와 미혼모 아기를 유기하지 말고 아래 손잡이를 열고 놓아주세요" '베이비박스(baby box)'에 적힌 글귀다.

한해 300명의 아이들이 버려지는데 베이비박스에 한달 평균 25명이 담긴단다. '유기견'만 있는 것이 아니다. '유기아'도 증가하고 있다.

현실을 외면하지 말자. 우리 사회가 책임질 수 없는 부분은 모두 개개인이 감당해야 할 몫 아닌가. 그렇다면 홀로서도 당당하게 살아가는 홀로서기의 정신적 기반에 대해 우리사회는 좀 더 고민하고 공부하게 해야 한다. '독락(獨樂)'의 용기와 그 인문적 노하우에 대해서 말이다.

39. 홀어미를 생각하다

내가 나를 존중하고 애써 간호하지 않는 한, 아무도 나를 돌봐주지 않는다.

나이 들어 홀로 된 남자를 '홀아비'나 과부(寡夫)라고 한다. 홀아비 하면 '홀어미'가 떠오른다. 나이 들어, 남편이 죽고 홀로 된 여자이다. 있어야할 짝이 없어서일까. '적다' '모자라다'는 뜻의 '과' 한 글자만으로도 과부를 뜻한다. 남편을 잃은 것도 억울한데, 무언가 모자란다니 가혹하다. 과부는 '과녀(寡女)', 과모(寡母), 과수(寡守), 상부(孀婦), 원부(怨婦), 이부(嫠婦) 등으로도 불린다. 이 뿐인가. 딴딴하거나 단독으로 있는 모양을 나타내는 '과(踝)' 자도 과부의 뜻이다. 호칭이 많다는 것은 말도, 탈도, 수난도 많았음을 뜻하리라.

전통시대에는 남편이 죽으면 부인이 따라 죽어야 하는 데 '아직 따라 죽지 못한 사람'이라 '미망인(未亡人)'이라 불렀다. 홀로 남더라도, 남편을 애도하며 평생 수절하거나 자살로 끝내기를 강요했던 유교적 습속을 담은 언어적 족쇄 아닌가. 자신을 낮출 때 쓰는 '과인(寡人)'이라는 말은 참을만하나, 미망인은 시효 만료된 표현이리라. 1894년 여

129

름, 조선을 방문했던 오스트리아인 헤세-바르텍은 당시 상황을 꼬집는다. 아내가 죽었을 때 눈물을 흘리는 남자들이 사회에서 '조롱거리'가 될 정도로 조선 여인들은 푸대접을 받는다고. 그러나 과부들은 자신이 처한 상황보다 더 나은 결혼 관계를 알지 못했기에 '놀라울 정도의 인내심과 체념'을 가지고 견뎌낸단다.

생활의 내용면에서는 홀아비보다는 홀어미 쪽이 긍정적으로 평가되어 왔다. 대체로 홀아비는 새 장가를 들어야만 안정된 살림을 꾸려 청결한 삶을 누릴 수 있다. 남자 혼자 사는 삶이란 안 봐도 뻔하다. 담배새, 술냄새, 발냄새에 찌들고, 게다가 밀린 설거지, 빨래 등등. 안살림에 익숙하지 않은, 홀몸 노년 남자들의 삶은 날이 갈수록 서글퍼진다. 반면, 홀어미는 혼자 살아도 안살림을 알뜰살뜰 잘 해내서 집안이 반짝댈 확률이 높다. 옛 속담에 '홀아비 삼년에 이가 서말, 과부 삼년에 은(銀)이 서말'이라는 말이 이해가 간다.

중국 명대의 여곤(呂坤)이 지은 『신음어(呻吟語)』라는 책이 있다. '신음'이란 병났을 때 내는 소리이고, '신음어'는 병들었을 때 내는 말인데, 병중의 아픔은 병자만이 안다고, 그는 말한다. 홀어미든 홀아비든 아픔과 고독, 삶의 현실을 운명으로 태연히 받아들일 수 있어야 한다. 평소 우리는 그런 힘을 길러 놔야 한다. 어릴 적부터 많이 아팠던 여곤이 깨친 한 대목이다 : 가난하다고 부끄러운 것이 아니다(貧而不羞). 부끄러워해야 할 것은 가난함에도 무언가 하려는 의지가 없다는 것이다(可羞是貧而無志). 지위가 낮음을 싫어할 수는 없다(賤不足惡). 싫어해야 할 것은 지위가 낮음에도 무능하다는 것이다(可惡是賤而無能). 늙는다고 한탄할 필요는 없다(老不足嘆). 한탄할 것은 늙어서 아무 할일 없이 사는 것이다(可嘆是老而虛生). 죽는 것을 슬퍼할 필요는 없다(死不足悲). 슬퍼해야 할 것은 죽고 나서 그 이름 한 마디 불러줄 사람이 없다는 것이다(可悲是死而無聞).

'인생은 나에게 술 한 잔 사주지 않았다'고 어느 시인은 말했다. 이 것을 노래로 부르는 사람도 있다. 그러나 누가 내게 공짜 술 한 잔을 사주랴. 인생은 애당초 밥 한 그릇은커녕 물 한 모금 내게 사주지 않는 다. 내가 내 인생을 잘 대접해 줘야한다. 내가 나를 존중하고 애써 간 호하지 않는 한, 아무도 나를 돌봐주지 않는다.

40. 가난하고 외롭고 쓸쓸한 남자들
노인 고독사 매년 증가 태어날 땐 순서 있어도 죽을 때는 순서가 없어

　　그냥 지나칠 일이 아니다. 최근 자주 접하는 기사다. '노인들, 홀로 쓸쓸히 잠들다.' 단칸방서 홀로 5~6년 앓다가, 쓸쓸히 떠나는, '한국식 죽음'. 노인들의 '고독사'가 매년 증가하고 있단다.

　　9988234. 한때 우리 사회에 유행했던 숫자다. '99'세까지 '88'하게 살다가 '2,3'일만 딱 앓다가 '4'(→死)했으면 좋겠다는 뜻. 욕심도 많다 하겠지만, 모두 바라는 바 아닌가. 예전부터 '올 때는 순서가 있어도 갈 때는 순서가 없다'고 했다.

　　전통시대에는 소외받는 사람들을 '환과고독(鰥寡孤獨)'이라 했다. 넷 가운데 제일 먼저 나오는 것이 '환'이다. '환'은 함께 살을 맞대며 살던 아내를 잃은 남자=''홀아비'를 말한다. 이어서 '과'는 남편을 잃은 여자=''홀어미'다. '고'는 어려서 부모를 잃은 아이=''고아', '독'은 늙어서 자식이 없는 사람들=''독거노인'을 말한다. 모두 세상 어디에도 의지할 데 없이, 홀로, 쓸쓸히 지내는 사람들 아닌가. 우선 이들은 '물질적'으

로 도움 받을 데가 없다. 게다가 '정신적'으로도 외롭다. 한 마디로 소외된 자들이다.

여자들은 덜 하지만, 혼자 사는 남자에겐 악취마저 풍기니 '홀아비 냄새'란 말도 생겼다. 혼자 사는 것도 서러운데 냄새마저 나다니. 누가 가까이 하랴. 과부 마음은 홀아비가 안다고 했거늘, 홀아비 마음은 과연 과부가 알아주기나 할까.

남성들은 나이가 들수록 잠이 줄어든다. 근심걱정(憂·患)거리가 늘어나기 때문이다. '환'자에는 물고기 '어(魚)' 변에 '눈(目)에 눈물이 뚝뚝 빗물처럼 떨어지는' 모양의 글자가 붙는다. 그 형상이 눈물짓는 불쌍한 홀아비를 떠오르게 한다. '환'은 전설상의 큰 민물고기인 '환어(鰥魚)'를 가리키기도 한다. 이 고기는 홀로 다니며, 근심으로 늘 눈을 감지 못해 밤에도 잠을 못 잔단다. 마치 홀로 된 남성이, 기력도 재력도 없이, 외로움에다, 이런 저런 근심·걱정거리를 이불처럼 덮고서 잠들 지 못하는 은유로 충분하리라.

쓸쓸히 노구를 이끌고, 텅 빈 공원의 벤치에 앉아 차가운 빵 조각을 씹는 한 늙은 남자가 어느 날 바로 나일 수 있다. 문득 '홀아비대한민국'이 도래할 수도. 새삼 황지우 시인의 시, 「어느 날 나는 흐린 酒店에 앉아 있을 거다」가 떠오른다. 「옷걸이에서 떨어지는 옷처럼/그 자리에서 그만 허물어져버리고 싶은 생;/뚱뚱한 가죽부대에 담긴 내가, 어색해서, 견딜 수 없다/글쎄, 슬픔처럼 상스러운 것이 또 있을까//그러므로, 어느 날 나는 흐린 酒店에 혼자 앉아 있을 것이다/완전히 늙어서 편안해진 가죽부대를 걸치고/등 뒤로 시끄러운 잡담을 담담하게 들어주면서/먼 눈으로 술잔의 水位만을 아깝게 바라볼 것이다// 문제는 그런 아름다운 廢人을 내 자신이/견딜 수 있는가, 이리라」물론 이렇게라도 사색하면서 술 마시는 여건이라면, 그나마 행복하리라. '돈한 푼 없는 건달'이라 주점 문턱에도 못 들어서는 그런 인생도 부지기수 아닌가.

누군가 말했다. '나 홀로 쓸쓸히 죽어가지 않도록 나의 창가에서 나를 불러줘!'라고. 안치환의 노래 「떨림」이 나직이 가슴에 닿는다. "니가 힘들고 외로울 때 언제든 날 불러줘/삶이 무겁고 허전할 때 언제든지 날 불러줘/니가 얼마나 아름다운지…."

41. 외로움을 견디는 힘은
사람은 근심속에 살아가고 안일과 쾌락속에 죽어간다 고난을 툭툭 털고
일어나야

사람은 모두 외롭다. 기쁨과 즐거움의 시끌벅적함이 사라진 고요의 터에는, '외로움'이 잡초처럼 자라난다. 「삶은 오직 갈수록 쓸쓸하고/사랑은 한갓 외로울 뿐」(박두진, 「도봉」)! 뜬금없이 날아 와 자라는, 번뇌와 망상의 거친 풀밭, '홀연염기(忽然念起)'다. 문득 생겨나서, 자라고, 시드는 무명초(無明草)들. 왜 그런가. '무다이(=무단히)' 그렇다. 인간이기 때문에. 정호승 시인이 말해버렸다. '울지 마라 외로우니까 사람이다.'

인간은 누구나 안개 속에 '홀로' 서 있다. 「안개 속을 혼자 거닐면 참으로 이상하다./살아 있다는 것은 고독하다는 것./사람들은 서로를 알지 못한다./모두가 다 혼자다.」(헤르만 헤세, 「안개 속에서」). '인지생야(人之生也), 여우구생(與憂俱生)'. 인간은 우수의 보따리를 이고, 지고, 태어났다! 장자(莊子)의 말이다. '울지 마라, 인생이란 다 그런 거다'라며, 우리를 애써 달래고 있다. 외로움, 쓸쓸함, 근심걱정, 늙음, 병

135

늙, 아픔, 죽음. 이 덫에서, 누구도 빠져나갈 수 없다. 퇴로는 차단되어 있으니, 거기서 그냥 웃으며, 그러려니 살아가라 한다. 모두들 수고롭다고, 맹자는 말했다. 순(舜)은 농사짓다가 떨쳐 일어났으며, 부열(傅說)은 성벽 쌓는 일을 하다가, 교격(膠鬲)은 어물과 소금을 팔다가, 관이오(管夷吾)는 옥에 갇혔다가, 손숙오(孫叔敖)는 바닷가에 살다가, 백리해(百里奚)는 시장바닥에 살다가 기용되었단다. 아픈 만큼 길은 더 선명해진다. 포기하지 말라! 다시 맹자는 말을 잇는다. 「그래서, 하늘이 사람에게 큰 임무를 내리려 할 때에는, 거저 막 퍼주지 않는 법! 반드시 그에 앞서서, 마음을 괴롭히고 근골을 수고스럽게 하지. 몸을 굶주리게 하고 곤궁하게 만들지. 그뿐인가. 하고자 하는 일마다 뜻대로 안 되게 어지럽히고 말지. 그러나, 쫄지 마! 이러는 데에는 다 이유가 있어. 왜냐고? 그의 마음을 분발시키고, 참을성 있는 내면의 기틀을 만들려는 거야. 그래서 이전에 그가 도저히 해낼 수 없었던 일들을 거뜬히 해치우도록 도와주려는 게야. 사람은 언제나 잘못을 저지르고 나서 고칠 생각을 하지. 마음속에 갈래갈래 번민을 겪고서야 이런저런 궁리로 분발해가는 법. 그렇지. 사람은 근심과 걱정 속에서 살아나고, 안일과 쾌락 속에서 죽어간다. 이 점을, 잘 새겨들어야 한다.」

삶은, 수고로움과 고통과 외로움에서 잔뼈가 굵어가는 일. 몰래 닦는 눈물에 이골이 나도, '괜찮아요!'라며, 툭툭 털고 일어나는 연습을 해야 하리. 시인 백석이 읊었다. 「하눌이 이 세상을 내일 적에 그가 가장 귀해하고 사랑하는 것들은 모두/가난하고 외롭고 높고 쓸쓸하니 그리고 언제나 넘치는 사랑과 슬픔 속에 살도록 만드신 것이다」(「흰 바람벽이 있어」). 그래, '외로움을 견디는 힘'은 '내가 나를 사랑하는 힘'이고, '내가 나를 어루만지는 힘'이다. 가난하고, 외롭고, 높고, 쓸쓸함이 모두 하늘의 뜻이라면, 거기에 감사하며, 받아들여야 한다.

안타깝다. 내가 잠든 사이에도, 또 누군가 목숨을 끊고 있다. 힐링과 행복사회라는 구호는 더 요란하기만 한데, 자살률은 날로 치솟고 있다. 우리 사회가 이제 막 눈을 떴다. 내가 나를 어루만지는, 그 보이지 않는 여린 손마디를 키우는 '삶의 기술' 연마에. 인문학은 자신의 영혼을 돌보는 '마음의 의술'이다. 그것은 '밖'에 있지 않다. 바로 우리의 덕성 속에 들어있다.

42. '직(職)', 남의 말을 듣는 것

말귀가 어두우면 갈팡질팡 직분을 제대로 수행 못한다 남의 말 귀담아
잘 들어야

최근 대전의 한 식당엘 간 적 있다. 준비해 간 차를 좀 마시고 싶어 "아주머니, 뜨신 물 좀 주세요"라고 했다. 그러자 정수기가 고장 나서 물을 끓여야 한단다. "그럼, 끓여서 주세요"라고 하니, 주인 아주머니는 아주 조금만 끓여 왔다. "너무 적은데요"라고 하자, 곧바로 "손님, 차 많이 드시지 마세요. 몸에 안 좋아요"라며 나를 타일렀다. 물을 주지 못해 미안하다는 말은 없고, 이런 저런 말로 나를 가르친다. 말하자면, 갑질에 안달이다. 갑질에 시달리는 을들의 삶을 보여주는 드라마 '미생'이 생각났다. 제기럴, 누가 갑이고 누가 을인지. 밥을 먹으면서, 나는 좀 궁시렁댔다.

어쨌든 요즘 사람들은 자기 말만 하고, 남 말을 들으려 하지 않는다. 남을 가르치려 들어 모두 '스승이 되고자' 한다. 이 병폐는 오늘 날의 일만도 아니다. 맹자가, "사람들의 근심거리는 남의 스승 되기를 좋아하는 데에 있다(人之患, 在好爲人師)"고 콕 찌르지 않았던가. 공자는

"말 귀가 어두우면 사람을 알아보지 못한다(不知言, 無以知人也)"고 우려했다. 내 귀를 막고 있는 것은 '내가 낸데'하는 마음. 이것을 없애야 남 말이 들린다. 남들이 내게 툭 걸리고 '욱' 치받는 마음도 사그라진다. 이런 역(逆)한 마음이 가신 경지가 '이순(耳順)'이다.

귀가 열려, 무심히 남 말의 맥락이 이해되려면, 귀가 '크고' '넓고' '부드러워야' 한다. 그래서인지 노자의 자(字)가 담(聃)이다. 담이란 귀가 넓고 평평하며 축 늘어진 모양이다.'산해경'에 나오는 섭이국(耳國) 사람의 귀를 떠올려 봄직하다. 이들의 귀는 너무 커서 보통 때는 두 손으로 귀 끝을 받치고 있어야 하며, 잠잘 때는 한 쪽 귀를 요 삼아 깔고, 다른 쪽 귀는 이불 삼아 잔단다. 웃음이 나올 만한데, 이야기의 저변에서 비디오가 아닌 오디오 문화를 만난다. '백문(百聞)이 불여일견(不如一見)은 '눈'이 '귀'보다 우위에 있음을 보여준다. 그러나 재미있게도 '귀를 믿고 눈을 의심하는(信耳而疑目)'는 말도 있다. 귀를 믿는다는 것은 옛것이나 먼데서 들려오는 것을 믿는 것이고, 눈을 의심한다는 것은 지금의 것이나 가까이 있는(익숙한) 것을 인정하지 않음을 말한다.

동서양은 이구동성으로, '감각을 믿지 마라'고 경고한다. 하지만 한 가지 꼭 새겨들을 말이 있다. '직(職)' 자의 메시지이다. '직'은 '귀(耳)'로 들어서 마음속에 잘 기억하는 것(개념을 잡는 것)을 말한다. 지금처럼 쉽게 메모하거나 녹음할 수 있는 상황이 아니었던 고대사회에서는, 어쩔 수 없이 귀로 듣고서 사태를 잘 분별하고 대처해야만 했다. 또한 관리들은 각 사안을 두 귀로 듣고서, 기억한 업무를 잘 전달하고 처리해야만 했다. 직 자에는 이런 고대적 관습이 담겨있다. 말귀가 어두우면 갈팡질팡, 직분을 제대로 수행할 수 없다.

그 뿐인가. 마음이 없다면(心不在焉), 보아도 보이지 않고(視而不見) 들어도 들리지 않는다(聽而不聞). 노산 이은상은 읊었다. "뵈오려 안 뵈는 님 눈 감으니 보이시네./감아야 보이신다면 소경되어지이다"라고. '눈 감으면 떠오르는 가슴 속의 강'. 거기에 노를 저어, 다른 사람의 마음속으로 건너갈 배는, 바로 남의 말을 가만히 귀담아 듣는, 나의 '마음' 아닌가.

43. '아무 꺼나' 방편주의 생각

니체가 본 시간의 질주는 직선이 아니라 원환이다 운명을 사랑할 줄
알아야

식당에 가서 누군가 "뭘 드실래요?"라고 하면 "아무 꺼나(=아무 것
이나)요"라고 답한 경험이 한두 번 쯤 있으리라. 이때의 '아무 꺼나'란
고픈 배를 잠시 채우면 되니 '대충 알아서 시켜라!'는 뜻이다. 그에 맞
춰 나는 '무엇이든 먹겠다'는 약속을 전제한다. 이때 음식은 목적이 아
니라 고픈 배를 채우기 위한 수단이다. 어떤 틀을 정해두기 보다 주어
진 상황에 맞춰 일을 적당히 처리하는 것을 '아무 꺼나' 방편주의라 불
러도 무방하겠다.

'아무 꺼나' 방편주의는 '와도 그만 가도 그만…', '이런들 어떠하리
저런들 어떠하리…' 식으로 사안을 임의적으로 설정하되 확정하지는
않는다. 해답의 중심은 비어둔다. 아니, 중심은 어디에나 있을 수 있다
고 가정한다. 결론은 이래도 좋고, 저래도 좋다. 마치 '…오히려 눈에
띌까 다시 걸어도/되오면 그 자리에 서 졌습니다'처럼 사태를 '원환구
조'에서 관망한다. '둥글게 둥글게, 둥글게 둥글게, 빙글빙글 돌아가며

춤을 춥시다.'라고 권한다.

니체가 『차라투스트리는 이렇게 말했다』의 제3부 「건강을 되찾고 있는 자」에서 말한 것을 떠올려 보자: "모든 것은 가고, 모든 것은 되돌아온다. 존재의 수레바퀴는 영원히 윤회한다. 모든 것은 죽고, 모든 것이 다시 살아난다. 존재의 시간은 영원히 질주한다. 모든 것이 파괴되고 모든 것이 다시 구성된다. 똑 같은 존재의 집이 영원히 지어진다. 모든 것은 헤어지고, 모든 것은 다시 만난다. 존재의 수레바퀴는 영원히 자신에게 충실하다. 매 순간 존재는 시작된다. 모든 여기로 저기라는 공이 굴러간다. 중심은 어디에나 있다. 영원이라는 오솔길은 휘어져 있다."

니체가 본 시간의 질주는 직선이 아니라 원환이다. 이 원환은 빙글빙글 돌고 도는 '존재의 춤'을 말한다. 이 춤은 삶을 넘어선 천상의 소리가 아니라 지상의 소리, 생멸하는 인간의 삶의 숨결에다 귀를 대고 있다. 니체는 말한다. 춤추는 자는 '귀를 발가락에 달고 있는 법'(니체, 제3부 「춤에 부친 또 다른 노래」)이라고. 휘어져 있는 '영원이라는 오솔길'의 한 순간을 걷는 인간은, 귀를 발가락에다 달고, 삐거덕대는 존재의 수레바퀴를 굴리는 데만 충실해야 한다. 꾸불꾸불한, 짧은 삶의 여정 즉 운명을 사랑할 줄 알아야 한다.

「저녁 눈」이란 박용래의 시를 읽어보자. 휘날리는 눈발을 그대로를 묘사할 뿐, 정리정돈하려 들지 않는다. 「늦은 저녁 때 오는 눈발은 말집 호롱불 밑에 붐비다.//늦은 저녁 때 오는 눈발은 조랑말 발굽 밑에 붐비다.//늦은 저녁 때 오는 눈발은 여물 써는 소리에 붐비다.//늦은 저녁 때 오는 눈발은 변두리 빈터만 다니며 붐비다.」 아무렇게나, 휘날리는 눈은, '호롱불 밑', '조랑말 발굽 밑', '여물 써는 소리', '변두리 빈터'에 떨어진다. 눈발은 조직, 체계라는 '틀'을 벗어나 있다. 예절차림도, 개폼잡음도 없다. '나'라는 집요한 저음(=자의식)이 만든 반듯한 꼴/틀을 무너뜨린다. 수평 속에서 잠시, 모든 형식들을 휴식케 한다.

'아무 꺼나' 방편주의는 '일시(一時), 불재사위국기수급고독원(佛在舍衛國祇樹給孤獨園)…'(『금강경』)이라 할 때의 '일시'와도 닮았다. 우리들의 시간은 토막 난 '순간시'이나 부처님의 시간은 특정할 수 없는, 우주영겁의 '영원시'이다. '아무 꺼나'는 이런 '아무 때' 속에 휘어진 오솔길을 바라보는 시선이라도 되는 것일까.

44. 건방진 상상력에 박수를
허접한 상상력이라도 한번 날개를 달아보자 천지는 누비는 자의 것

항주의 서호(西湖)에 가면 나는 두 가지를 생각한다. 버드나무 가지 끝에서 찰랑거리는 호수도 아름답지만, 그렇게 하늘대던 중국인들의 생각 끝을 좇아가게 된다.

하나는 '호심정(湖心亭)'에서 만나는 글자 둘. 충이(虫二)이다. 풍(風)과 월(月)의 각각 껍질을 벗겨버린 것. 그 참, 재미있다. 건륭 황제가 서호의 아름다움에 취해, '풍월(風月)이 무변(無邊)이로다'하며 진짜로 '변(邊)'을 없앴단다. 글자의 껍질을 까버리고 글씨를 썼다. 이런 식이라면 아예 두 글자의 속을 다 파버려도 되리라. 또 하나는 '화항관어(花港觀魚)'에서 만나는 고기 '어(魚)' 자이다. 어 자에는 원래 밑바닥에 점이 네 개(灬), 불[火]이다. 불은 고기를 삶아 죽일 터이니, 점을 세 개만 찍어 물 수(氵)로 만들었다는 이야기다. 아니, 술 취해서 실수했을 수도 있다. 문제는 건방진 발상법이다. 여기에 일단 기립 박수를 보낸다. 이처럼 글자를 멋대로 조작해대는 발상법이 무섭고도 부럽다.

어차피 글자는 사람 사이의 약속 아닌가. 약속된 한 획을 바꾸는 것, 이렇게 좀 시건방을 떨어도 되지 않는가.

북송 때, 왕안석은 '물결 파(波) 자는 물(氵)의 껍데기(皮)로구만!'이라 했다. 그러자 소동파는 한술 더 떴다. "그럼, 미끄러질 활(滑) 자는 물(氵)의 뼈(骨)겠구만!". 가끔 이런 장난질도 재미있다. 모든 상상력은 한판 뒤집어엎기 '도일설(倒一說)'에서 온다. 과거의 굳은 '말머리(話頭)', 그 머리채를 쥐고 흔들지 않으면 새로운 전망도 뭣도 없다.

잠시 상상(想像)이란 말을 떠올린다. 원래 이 말은 『한비자(韓非子)』의 노자 해설 부분(=「해노(解老)」)에 나오는 '상상(想象)'에서 유래한다. 즉「사람들은 산 코끼리를 거의 본 일이 없다. 그래서 죽은 코끼리의 뼈를 얻어 그 그림에 의지하여 살아있는 모습을 상상한다. 그러므로 일반사람들이 마음속으로 생각해낼 수 있는 것을 모두 가리켜서 상(象)이라 한다.」 말하자면 코끼리[象]는 먼 옛날에는 있었으나 이미 사라져 버려 그 뼈를 보고서 머리로 그려볼 수밖에 없다는 것이다. 상(象)은 훗날 '상(像)' 자로도 통하여 '-처럼' '-와 닮았다'는 의미로도 쓰인다. 그래서 초상화(肖像畵)를 초상화(肖象畵)로 적어도 별문제는 없다. 위(爲) 자도 사람이 손을 쳐들어(爫) 코끼리(象)를 길들이는 모습이다. 사람(亻)을 부각시키면 위(僞) 자가 된다. 한 때 있었지만, 지금 사라져버린 코끼리를 따라가다 보면, 이렇게 한 글자 한 글자가 마치 한 폭의 그림이 되어 나온다.

70년대 어느 날, 뉴욕 소호에 있는 백남준씨의 집에 예술가 카와라 온(河原溫), 정보기술·문화 전문가인 마츠오카 세이고(松岡正剛) 등이 모였다. 그 자리에서 미래에 전개될 예술의 흐름을 예측하는데, 그 요지는 이랬다. '예술은 원래 유목적(遊牧的)이고 문자는 정주적(定

住的)인데, 이제부터의 예술은 이 두 가지를 가미한 '정주유목적'인, 즉 '문자가 딸린 예술사상'이 예술가에게도 필요할 것이다.' 흥미로운 전망이었다. 생각이 좀 건방져야 뭐라도 하나 건진다. 구스타프 크림 트는 사과나무를 그릴 때 과감하게 한쪽을 잘라버렸다. 그래도 된다. 상상은 자유다. 허접한 상상력이라도 한번 날개를 달아보자. 천지는 누비는 자의 것 아닌가.

45. 문득 십자성을 떠올리다
지금 우리 마음속의 남십자성과 북두성은 무엇으로 남아 있는가

잘 아는 분이 인도네시아를 처음 다녀왔다기에 물었다. "뭐 좋은 게 있었나요?" 그는 거기 가서 꼭 두 가지를 보고 싶었는데 "실패했다"며 섭섭해 했다. '십자성'('남십자성'이라고도 부름)과 '열대우림'이었다. 둘 다 남쪽으로 가야만 볼 수 있는 것이다. 그는 십자성을 현지인들이 거의 모르고 있어 의아했단다. 나는 '왜 그렇게 십자성을 보고 싶었어요?'라고 묻고 싶었지만 참았다. 혹여 상처를 건드릴까 해서이다.

십자성, 남쪽 하늘에 십자 모양으로 보이는 별이다. 이 별을 국기로 한 남쪽 국가들이 있다. 돌이켜보니, 우리 유행가 「고향만리」(1949)에도 등장한다. 「남쪽나라 십자성은 어머님 얼굴/눈에 익은 너의 모습 꿈속에 보면/꽃이 피고 새가 우는 바닷가 저 편에/고향산천 가는 길이 고향산천 가는 길이/절로 보이네.」 내친 김에 2절도 보자. 「보르네오 깊은 밤에 우는 저 새는/이역 땅에 홀로 남은 외로운 몸이/알아주어 우는 거냐 몰라서 우느냐/기다리는 가슴속엔 기다리는 가슴속엔/고

동이 운다.」일제강점기 동남아시아에 징병 갔던 남성이 귀국선을 기다리며 고국을 그리는 노래다. 남역 보르네오에 홀로 남은 외로운 몸이 십자성을 보며 '고향산천 가는 길'을 찾는다. '어머니 얼굴'처럼 자상한 별을 상상하는 마음은 남역의 길이 우리 근현대사에서 고되었다는 징표 아닌가.

서역의 길은 또 어떤가. 서정주가 '귀촉도(歸蜀道)'에서 「눈물 아롱 아롱/피리 불고 가신 임의 밟으신 길은/진달래 꽃 비오는 서역삼만리(西域三萬里)」로 읊은 대로, 눈물의 길이다. 천축(=인도)으로 가는 길은「기필코 서쪽으로 대양을 건너가서, 이중 통역을 하더라도 학문을 하고자 하였던(必也西浮大洋, 重譯從學)」길이었다. 혜초가, 「내 고향은 하늘 끝 북쪽(我國天岸北)/남의 나라 땅은 서쪽 끝(他邦地角西)」이라 했듯, 서쪽에서 바라보는 북쪽 고향은 가슴 쓰린 곳이었다. 더구나 서역 길은, 「배우러 가는 이가 백이라면, 돌아오는 이는 열도 못되는(去人成百歸無十)」고난의 행로였으리라.

반면 동역으로의 길은, 우리 근현대사에서, 희망의 길이었다. 1926년 7월 14일, 민족 변호사 허헌은 태평양 연안의 도시 샌프란시스코에 도착하여 이렇게 감탄했다 : 「이제부터 나의 발길은 황금의 나라, 물질문명 지상의 나라, 자본주의 최고봉의 나라…자동차의 나라인 북미합중국 땅을 밟게 되었다.」지금도 별반 달라진 것은 없다.

그러나 사실 우리에게, '남'십자성보다는 북극성이나 북두칠성처럼 '북'쪽을 처다보며, 대륙 길을 가던 역사가 친숙했다. 물론 「천리객창 북두성이 서럽습니다.」처럼, 중국으로, 북간도로, 러시아나 북유럽으로 향하던 발길이 많이 서럽고 슬펐다. 그렇다 해도, 그 속에는 독립을 이루려는 단꿈의 좌표가 있었다.

타오르는 것은 모두 식기 마련이다. 가슴 속의 좌표도 그렇다. 「아름다운 것은/슬픈 것이니라/한없이 한없이/슬픈 것이니라」고 서정주가 읊었듯이, 별들도, 그것을 쳐다보는 우리의 마음도, 그 속에 상상된 좌표도 모두 슬픈 것이다. 반대로 슬픈 것들은 모두 아름다운 것이라 읽어도 되겠다. 왜냐? 슬프고 쓰라린 길일지라도, 그것이 없기보다는 있는 편이 낫기 때문이다. 그렇다면 다시 묻고 싶어진다. 과연 지금 우리 마음속의 남십자성과 북두성은 무엇인가. 그것을 찾고는 있는가. 별을 찾는 마음은 행복한 마음인가, 불행한 마음인가. 행복이란 말이 일상으로 떠돌고, 통일이란 말이 빈출하는 우리 사회를 물끄러미 쳐다본다. 그럴수록 '좌표'라는 말이 점점 더 낯설어진다.

46. 내 인생의 레임덕
태어날 때부터 나는 이미 레임덕, 그냥 쿨 하게 누수를 견디며 살 뿐

나는 태어날 때부터 레임덕이었다. 태어나자마자 죽을 고비를 두
어 번 넘겼다. 집마저 가난했다. 말 그대로 '절름발이 오리' 신세를 일
찍부터 경험하였다. 삶에 대한 믿음, '나'라는 권위에 누수가 시작되었
다. 초등학교, 중학교까지 도시라는 데를 가 본적이 없었다. 산 너머
소도시 구경이라도 할까 해서 엄청 아픈 척 꾀병도 부렸으나 실패로
돌아갔다.

고등학교를 다니기 위해 깡촌에서 대구로 나왔다. 그때도 레임덕이
었다. 마음대로 된 것은 하나도 없었다. 대구 텃새 때문에 부딪혔고,
늘 우울했다. 칼을 들고 다니는 교내 깡패들 때문에 기가 죽었다. 국영
수를 하는 담임선생들은 급우들을 상대로 개인과외를 하였으나 나는
가정형편이 안 좋아 할 수가 없었다. 나는 그들이 몰래 배운 내용에서
시험문제가 나오는 것을 알았지만 어쩔 수 없었다. 성적은 떨어졌고,
차츰 뒤로 밀려났다. 어느 날 아침 담임선생이 교무실로 오라해서 갔

더니, 그분은 볼때기를 잡고서 왕복 스무대를 그냥 갈겼다. 시원하게 맞았지만, 왜 때리냐고, 겁나서 물어 보지도 못했다. 50을 넘긴 지금도 내가 왜 맞았는지 알 길이 없다.

대학에 들어가서는 데모하는 날의 연속이라 수업도 제대로 못하였다. 틈틈 막걸리만 마셔댔다. 성이 안 찰 때는 홀라당 벗기도 하고, 노래도 부르며, 그럭저럭 한 시절을 가로질렀다. 주로 부르던 노래는 '사의 찬미'였고, 후배들은 급사하거나 자살하였다. 밤을 지새우며 술을 마셨지만 별 희망이 보이지 않았다. 어딘지 끊임없이 삶이 허물어지고 있음을 느꼈다. 자취집을 전전하다가, 어느 늦은 밤, 붕어빵을 씹으며, 터벅터벅 비포장도로를 새벽녘까지 걸었던 적이 있다. 그때 내 인생은, 결국 어딘가로 끝없이, 약속 없는 길을 무작정 걸어야만 하는 것임을 알았다.

바다를 건너 유학을 했지만, 돈은 턱없이 부족했다. 이어지는 아르바이트는 힘들었으나, 온갖 궂은일을 마다하지 않았다. 생활은 불안정하였고, 미래는 불투명하였다. 한국인을 삼류 취급하는 일본인들한테 분통이 터졌으나 참아야만 하였다. 지문 채취를 거부하다가 다툼도 있었지만 공부를 계속하기 위해서 침묵해야만 하였다. 학위를 받고 대학에 자리를 얻었으나 그다지 행복하지 않았다. 젊은 나이에 취업한 죄 때문에 십여년은 동문 선배들이 괴롭혔고, 그 이후 십여년은 이런 저런 이유로 동료들이 갈구었다. 언제 사표를 내고 직장을 떠나나, 이런 생각으로 살아온 나날이 오늘에 이르렀다. 아직도 결론을 못 낸 채 헛소리만 반복할 뿐이다. 각종 음해에 시달리고, 잡무에 끄달리며, 절망에 찌들며 반 오십년이 지났으니, 봄날은 기분 좋게 가버렸다. 나는 늘 외톨이였고, 왕따였지만, 귀 막은 채 내 길을 걷는다. 말끝마다 인문학은 구조 조정 대상. 더구나 돈 안 되는 철학은 수십 년 간 줄 곧 구설수에 오르내린다. 학생들에게는 말발이 서지 않고, 내 논문과 책과 강의는 빛바랜지 오래이다.

내가 왜 여기에 있는 지 가끔 울컥거려 강연을 하다가도 눈물을 닦는다. 우울증에 시달리다 일어서곤 하지만, 삶은 어차피 무의미에 뿌리를 두고 있어, 이런저런 꿈이 아무 근거 없는 것임을 안다. 자식들에게도, 마누라에게도 권위가 서지 않는다. 그렇다고 나는 누구에게도 원망할 생각이 없다. 태어날 때부터 나는 이미 레임덕이었으므로, 그냥 쿨 하게 누수를 견디며 살 뿐이다.

47. 허탈(虛脫)과 허탕(虛蕩)을 넘는 연습
눈부신 허탈, 허탕에서 견디는 힘은 운명을 즐기는 능력

"굿바이, 눈부신 허탈이여!"

우리가 정한 시간이란 덧없다. 허망하다. 그 앞에 서면 "젠장!" 멀쩡한 것이 하나도 없다. 모든 것은 빛바래고 무력해진다. 그래도 시간에게 늘 감사한다. 고정된 것이 없음을 일깨워 주고 지금 이 순간순간의 값짐을 경험케 해주니까. 시간이란 형식의 은유를 알고 있다면, 해돋이 따위는 보러가지 않을 것이다. 왜냐고? 새로 돋는 해가 바로 어제의 그것임을 알기에 개념의 수사에 속아 놀아나지 않는 것이다.

헌데, 바깥을 둘러보면 늘 허탈하다. 기름 값은 점점 내리고, 자동차 운행은 더 늘어난다. 빙하는 점점 녹아내리고 펭귄은 죽어가고 있다. 북경을 비롯한 여러 도시에서는 스모그로 대낮에도 깜깜. 빛을 잃어 폐병 걸린 사람처럼 회색빛 얼굴이다. 허탈하다. '허탈(虛脫)'이란 몸에 기운이 빠지고 정신이 멍한 상태를 말한다. 허탈한 세상이 볼수록 참 눈부시고 눈물겹다.

허탈을 만드는 근본은 자본주의이다. 이 세상은 돈 되는 것이라면 뭐든 다 캐내서 다 팔아버리려 한다. 피도 살도 뼈도 영혼도 지혜도 골수도. 값이 나가는 것은 모두 파 헤쳐 거덜낸다. 인간의 신체도 대지도 그렇다. 돈이 되는 일이라면 얼굴도 길도 집도 팔자도 다 고쳐댄다. 아름다움도 고통도 만들고 없앤다. 역사는 돈을 앞세워 굴러간다. 그 간계는 눈물겹도록 현란하다. 무엇이나 통합시키고 분열시킨다. 무엇이든 모으고 나누기도 한다. 분화, 분과, 독립, 통폐합…. 어디서 많이 들어본 말들이나 자본주의가 거느린 어휘들, 언어 가족들이다.

자본은 그 자식들을 기르고 번식한다. 정치와 지식은 그들의 시녀다. 자본의 파수꾼이 되고, 불쏘시개가 되고, 침대가 되고, 드라이버가 되고, 칼이 된다. 대학, 지성 운운하나 별 것 아니다. 이미 자본의 손에 영혼을 팔고 죽었다. 『고금소총』에서 말했다. "사람들이 듣기 좋아하는 것으로는 아름다운 여인의 옷 벗는 소리(令人善聽…佳人解裙聲)"라고. 지난날 그렇게 아름답다 칭하던 지성의 치마를 누가 벗겨왔나? 자본이다. 자본은 지성과 은밀하게 거래하며 영혼을 팔라고 유혹했다. 그래서 결국 모든 신비와 권위들을 발가벗겨 놨다. "그래서…재미있는가?"라고 묻고 싶으나 그럴 필요 없다.

모든 것은 "될 대로 된다." 흘러 갈 데로 변화한다. "별과같이 빛나고 달과 같이 밝고 맑은 내 사랑 그대여 가지마오 가지마오"라고 울부짖어봤자, 가버릴 것은 가고 또 다시 올 것은 온다. 오직 그것을 직시할 일이다. 세상은 늘 진리가 올바르게 실현되지 않아 혼란해졌다는 식의 위정척사적인 논법에도 속지 않아야 한다. 흔히 지껄여대는, 진리는 이렇고 인문학은 저렇고 진보는 이렇고 보수는 저렇고 식의 입발림 논리에도 속지 않아야 한다. 허탈을 넘어서려면 우리를 속이는 모든 개념과 형식부터 넘어서야 한다.

　곰곰이 생각해본다. 도대체 나라는 인간은 누구인가. 무엇 때문에 오늘을 살고 있는가. 말끝마다 세상이 잘못되었다 탓하는 나는 누구인가. 수많은 어휘들을 거느리고 거리에 나선 전사(戰士)들은 정말 세상을 아름답게 만들 수 있을까. 세상을 좀먹는 너는 누구인가. 대지의 피를 빨아먹는 너는 누구인가. 이 세상을 허탈로 몰고 가는 너는 누구인가. 이런 물음에 답할 수 있는 자는 누구인가.

　한 해를 보낸다는 것은 나의 때를 씻어내는 일이다. 바깥의 해맞이에 안달 말자. 우선 내 허탈의 장막부터 걷어내자. 때를 벗겨내면, 그 자리에 태양이 떠 있다. 기를 쓰고 뚜벅뚜벅 그런 자신의 내면에 해맞이 하러 걸어 들어가는 사람들이 있을까. 이런 사람들이 많은 나라가 밝은 나라가 아닐까.

　"허탕에서 배우자!

　종일 책상에 앉아 있어도 글 한 줄 못쓸 때도 있다. 허탕 치는 날이다. 어떤 일을 했다가 아무 소득 없이 끝난 것을 허탕(虛蕩)이라 하는데, '허랑방탕(虛浪放蕩)'을 줄인 말이라 한다.

　허랑방탕이란 별로 좋은 말은 아니다. 허랑은 헛되이 이리저리 물결치는 것처럼 언행이 허황하고 착실하지 못함을 말한다. 방탕은 심신을 다잡지 못하여 풀어진 것으로 주색에 빠져 행실이 좋지 못함을 말한다. 곰곰이 생각해보면 내 삶은 허탕치는 일이 더 많다. 이래저래 술만 마시고 다니고 일처리는 제대로 못하고 구박만 맞고…. 늘상 마누라한테 잔소리만 듣고…. 돌아서면 후회하고 다짐하지만 해답은 없다.

사실 삼라만상은 그냥 있는 자리에서 다 논다. 욕심이 없다. 천하태평이다. 그런데 사람만이 죽어라 일한다. 해도 달도 별도 나무도 물도 물결도 바다도 풀도 돌도 다 노는데 인간들만 헉헉댄다. 그래봤자 결국 그게 그거이다. '무(無)'를 벗어나지 못한다. 이것을 건너려고, 헤어나려고, 집도 지었다 다시 허물고, 돈도 벌었다 다 잃어버리고, 사랑도 해보지만 드디어 실망한다. 무는 제로(0)이다.

그런데 제로라는 숫자는 신기하다. 아무 것도 없는 것처럼 보이나 없는 것이 아니다. 100에 0 하나를 더 하여 네 자리로 올리면 1,000이지만, 100에 0을 곱하면(100×0) 0이 된다. 그리고 100에 그냥 0을 더하면(100+0) 100이다. 제로를 어떻게 관리하느냐에 따라 결과가 달라지는 것처럼, 삶이나 생각은 관리하기 나름이다. 삶의 허탕 관리도 마찬가지이다. 철썩철썩 쳐대는 파도, 이리 갔다 저리 갔다 하는 물결이 부질없이 흔들리는 것 같으나 그렇지 않다. 그것이 그렇게 움직이지 않고 딱 고정되어 있다면 어떨까? 이미 죽은 것이다. 망한 것이다.

그 자리를 유지하려면 그 자리에만 있을 수 없다. 그 자리를 지키려고 부단히 떨려야 한다. A가 A이려면 A 아닌(非A) 상태를 부단히 유지해 가야 한다. 내 얼굴이 내 얼굴이기 위해서는 부단히 각질이 벗겨져 나가야 하고, 땀구멍에 수분이 수시로 들락거려야 한다. 그래야 얼굴이 얼굴답게 살아있다. 결국 A=非A[A=～A]라는 공식이 성립한다. A卽非A인 것이다. 그래서 『금강경』에서는 이런 논리를 '즉비(卽非)'라는 말로 드러내고 있다. 내가 나답기 위해서는 나답지 못한 '허탕'(허랑방탕)질을 수시로 경험해야 한다. 그래야 내가 나다움을 유지해 갈 수 있는 것이다.

우리는 살면서 과거 탓을 많이 한다. 그러나 그럴 필요가 없다. 과거가 이렇다고 현재가 이렇다는 보장이 없고, 현재가 이렇다고 미래가 그렇다는 보장도 없다. 모든 것은 판단보류 되어 있다. 불교에서는 이런 것을 무기(無記)라고 한다. 백지처럼 아무 것도 고정된 정보가 적혀 있지 않다는 말이다. A(과거)→A(현재)→A(미래)처럼 되리라는 보장은 없다! A→B→C도, A→A→B도 물론 A→A→A도 다 가능하다. 우리의 마음, 우리의 삶은 이렇게 끊임없이 유동한다. 폭류(瀑流) 같은 것이다.

눈알을 쳐다보라. 끊임없이 움직인다. 가만히 있지를 못한다. 불안한 나침판의 바늘 같다. 무언가를 주시하기 위해, 몸의 균형을 잡기 위해, 사태를 파악하기 위해 부단히 움직인다. 눈알이 고정되어 있는 눈은 죽은 눈이다. 더 이상 기대할 것이 없다. 비전이 없다는 말이다. 이리저리 눈알을 굴리며 끊임없이 머리를 움직인다는 것은 살아있다는 말이다. 살아있는 순간-시야-장소-지점을 확보하기 위해 부단히 움직이고 있다는 말이다. 자기균형을 잡기 위해 불안스레 떨고 있다는 말이다. 허탕도 그런 자기조절 움직임 중의 하나이다. 허탕을 두려워하지 말자. 삼라만상은 모두 헛발질, 헛손질, 허탕치며 살고 있다. 그럴수록 가장 그것다워진다.

허탕치는 일은 다른 말로 하면 불안 속을 떠도는 일이다. 안정된 영토를 버리고 늘 새로운 곳을 찾아 떠도는 일이다. 순간순간 어디론가 망명해가는 일이다. 애써서 지었던 집을 허물고 다시 짓는, 또 다시 지었던 집을 부수고 새로 지어보는 일이란 얼마나 고달픈 짓인가. 허망한 짓거리이다. 이렇게 스스로를 부단히 유동시켜갈 수 있는 사람은 '즉비(卽非)'의 정신으로, 폭류(瀑流) 속을 떠도는 사람이다. 늘 망명자처럼 국적 없이 떠도는 자유인이다.

그러나 허탕은 배고픔을 동반한다. 인문학 하는 사람들, 올곧게 사는 사람들이 늘 겪는 일이다. 누공(屢空)이란 말이 정곡을 찌른다.『논어』「선진(先進)」편에 나온다. 공자는 말했다. "안회의 학문과 사람됨은 어지간히 되었지만, 굶기를 밥 먹듯이 하였다(子曰, 回也, 其庶乎, 屢空)"고. 누공이란 자주 쌀독이 비는 것 즉 곤궁하다는 뜻이다. 가난하니 자주 끼니를 거를 수밖에. 그러니 쌀독도, 뱃속도, 텅텅 비기 마련. 굶기를 밥 먹듯이 하다 보면 굶어죽을 수도 있다. 삶은 허탕 칠 각오를 해야 하지만 그렇다고 그런 '섭섭함'(慍)을 견디지 못하면 제 명에 못 산다. 허탕에 편안한(안)-즐거운(樂) 마음을 찾을 수 있어야 한다. 이것 역시 학문하는 것, 인문학 하는 데서 가능하다.

학문하는(學) 기쁨(說) = '학열'은 돈 많이 안 들이고도, 사람답게, 즐겁게 살 수 있게 하는 힘이다. 허탕 치고도 좌절하지 않고, 쿨 하게 책 한권씩 들고 가던 길을 웃으며 쉬엄쉬엄 갈 수 있는 사람들이 많은 나라가 인문의 강국이고, 강한 나라이다. 나이가 들어도, 노령화가 진행되어도, 책을 든 밝은 표정의 사람들이 많아진다면 사회가 건강하게 잘 굴러가는 땅이리라.

48. 이 봄은 상상력을 필요로 한다
상상력이 없다면 봄은 새롭지도, 아름답지도 않다.

얼어붙은 길을 굽어보는 흔들리는 저 나무의 눈빛. 예사롭지 않다. 그만 뚝뚝 눈물을 떨군다. 저 위에서만 있으니 저 아래를 만날 수 없기 때문이다. 하루하루 바뀌는 길의 풍경을 통해서 나무는 그 마음을 듣고 만진다. 그냥 침묵만으로 펼쳐지는 길의 말들. 한 번도 쓰여진 적 없는 길의 진실. 나무는 잘 안다. 나무는 길이 되고픈 거다. 그런데 길은 너무 많이 갈라져서, 나무의 이파리, 뿌리로는 다 디뎌볼 수가 없다. 차라리 자신을 부숴 흙이 되어 길이 되는 편이 낫다고 생각한다. 그럴 때, 모든 흘러 내려오며 갈라진[由來] 모습, 거슬러 올라서 처음 시작된[起源] 모습이 함께 만난다.

사람들 발에 채이는 돌들, 찬바람 속에서 조금씩 헛기침을 하며, 자꾸 딴소리를 한다. '나는 돌이 아니라 신(神)'이라고. 그러다 조금씩 몸을 움직이며, 눈을 찡그려 하늘을 쳐다본다. 별이 되고픈 거다. 그런데 저 별은 너무 멀다. 돌은 그곳에 살아서 닿을 수 없음을 안다. 찌그러진 쇠바퀴를 덜컹대며, 도넛 같은 둥그스럼한 연기를 길게 하늘에 걸며 달리는 기차를 타고서도. 10년이 걸려, 100년, 1,000년이 걸려도. 차라리 자신의 몸을 갈아 없애고 마음으로 별이 되는 게 빠를 거라 믿는다.

살아있는 것들은 살기를 멈추지 않는다. 각자의 방식으로 떠들어대고 퍼득댄다. 가슴에 품은 의미를 끝내 드러내 보여준다. 사람들이 보고, 듣는 것도 어느 선 안에서만 가능하다. 선을 넘어선 영역은 보지도 듣지도 못한다. 공기 속에는 바위만한, 털이 보송보송 난 먼지가 날아다니고, 피부에 붙은 다이아몬드 같은 때엔 기와집 크기의 등불을 단 새들이 지저귀며 산다.

입에서 튕겨 나온 말(言語)은 이리저리 굴러다니며 길을 만든다. 작은 개울을 넓히고, 쥐구멍만한 틈새를 사람들이 다닐 수 있게 반질반질 잘 닦아 놓는다. 꽃의 열매 속으로도 들어가 앉고, 산의 개울물에도 떠다니다 가끔 겨울잠에 들기도 한다. 너무 곤히 잠들다 화석이 된 것들도 있다. 가끔은 용암 속에 묻혀 다니다 수증기로 증발하거나, 화산도 된다. 도시 상공의 고층빌딩 피뢰침 속으로도, 휴대폰의 전파 속으로도 숨어 다닐 수 있다. 투명한 몸으로 영겁의 세월을 넘나들지만, 그것을 믿는 사람도 있고, 안 믿는 사람도 있다.

바람은 무시로 생멸하며, 우주의 저쪽에서 이쪽까지 불어 왔다 갔다 한다. 몸속, 뼛속에 들기도, 마을과 나라에 오래 머물기도 한다. 노래, 음식, 사랑, 정치 속에서도 끊임없이 불다가 그쳤다가 한다. 허공에서도, 수중에서도, 암석 속, 강철 속에서도 바람은 살아있다. 불멸한다. 사람들은 죽어서 바람으로 간다. 바람은 모든 것들을 자기 등에 태워 이동시켜준다. 유럽의 이름 없는 풀들을 우리나라 뒷산에 데려와 살게 하기도, 우리나라 벌레들을 저 지구 건너편에 가서 살도록 하기도 한다. 신라시대엔 배를 서역으로 밀어 아랍 지역까지 사람들을 데려가 살도록 했다.

새는 봄이 오는 길목에서 세상을 공부한다. 그들이 듣는 강의는 날개를 퍼득이는 일, 소리를 듣는 일, 바람의 방향을 파악하는 일, 비가 내리고 꽃이 피는 곳을 아는 일, 벌레가 많은 곳을 찾는 일. 하늘의 일들을 땅에 전하고, 땅에 일어난 일들을 하늘에 전하는 새는, 하늘과 땅의 중간에서 살며 향기만 맡고 노래만하는 건달(건달바)과도 친하다. 그들은 예전부터 우주인들과 자주 만난다. 새는 푸른 하늘에서만 살지 않는다. 사람들의 영혼 속에서도 나래를 편다.

말의 길(言路)이 열리면, 귀가 뚫린다. 귀는 폼으로 달린 게 아니다. 우주의 약속이다. 그렇게 있는 것을 그렇게 들으라고. 자기 말만 듣거나 자기 말도 듣지 못하는 사람. 남의 말만 듣거나 남의 말도 듣지 못하는 사람 등등 여러 종류가 있다.

이 봄은 상상력을 필요로 한다. 상상력이 없다면 봄은 새롭지도, 아름답지도 않다. 행성만한 먼지가 굴러다녀도 모르는 사람은 모른다. 무량(無量)한 마음이라야 언 땅에 파묻힌 형형색색의 꽃들이 보일 거다. 상상할 수 없다면, 말 귀가 없다면, 다 그만이다. 우리 대학도 그렇다.

49. 금사빠도 좋다!

몸은 '아홉 개의 구멍이 난 상처'...'금방 사랑에 빠져도' 좋다

수업 시간에 처음 '금사빠'라는 말을 들었다. 물어보니, '금방 사랑에 빠졌다'는 말을 줄인 거란다. 재미있어 쪼끔 웃었다. 수업을 마치고 길을 걸으며 생각했다. '참 오랜만에 이런 싱싱한, 낯선 언어에 접했다'고. 그런데 나는 지금, 무언가에, 누군가에, 금방 사랑에 빠질 수가 있을 수는 있을까. 대답은 "노". 자연스런 감정이 이미 고장이 났거나 고물이 되었다는 말이다. 서글프고, 억울하고 서러워 할 일인가. 아니다. 갈수록 재미없어 지는 대학생활. 잡무에 지쳐서, 그냥 하던 일에 붙들려서 비틀대다가, 가끔 정신을 차려서 '낙(樂)'이 있을만한 구석을 찾아 나서곤 하지만, 별 뾰족한 수도 없다. 떠날 날들을 위해 스스로를 정리해가면서, 정든 것들과 결별하는 연습을 자주 해야 하는 시점. 아주 별 볼 일 없는 것들과 친해지고, 잘 사귀어야 한다. 그래! 내가 '금사빠'를 할 것은 바로 '내 인생'이어야 하지 않을까. 저 무욕의 들판, 언덕이여야 하지 않을까. 걷지 못했던 들길이거나…. 말로 하지 않

았지만 속으로 중얼중얼.

한편 금사빠가 있다면 '금방 증오에 빠졌다'는 '금증빠'도 있지 않을까. 사랑과 증오는 같은 뿌리이니, 사랑은 금방 증오를 불러온다. 물속 깊이는 알아도 사람 속은 모른다 했다. 멀쩡한 얼굴 밑에 숨은 수심(獸心)을 누가 알 것이며, 찔찔 우는 얼굴이 숨긴 기쁨을 또 누가 눈치채랴. 안 겪어보면 모른다. '헤어지면 그리웁고~만나보면 시들하고~ 몹쓸 것이 내 심사~'라는 옛 가요처럼, 금방 금방 마음은 변한다. 수시로 변하는 순간을 그림으로 담아내고자 했던 화가 마네, 시시각각 변하는 바다 모습을 음악으로 표현하고자 했던 작곡가 드뷔시. 모두 '순간'을 '공간' 속에다 '흔적'으로 붙들어 두고자 했던 사람들이다.

사랑도 '휙~' 지나가는 감정의 순간, 그런 순간적 진실을 붙들어내려는 것이다. 사랑은 허공, 허무 속에서 징표-표식을 남기고 싶어 한다. 선물을 주기도 하고, 사진을 찍기도 하고, 여행도 가고, 더 진행되면 결혼도 하고 가정도 이루며 자식도 낳는다. 번개처럼 곧 지나가버릴, 그럴수록 썸 타는 것. 퇴락하고 추락하기에, 더 생생하고 달아오르는 것. 싱싱하게 꽃핀 그런 절정일 때, 슬슬 갈아타는 연습도 해야 한다. 박수칠 때 떠나는 지혜를 알아야 한다. 객관화시키는 안목이다. 내면의 성찰, 자기 자신 속으로 향하는 '눈'을 갖는 것 말이다. 물장즉노(物壯則老). 사물의 기세가 왕성해지면 쇠퇴하기 마련. '낄 때 끼고 빠질 때 빠진다'는 말을 줄여서 '낄끼빠빠'라는 말도 어디선가 들었다. 문맥을 균형 있게 판단하고 결단하는 것은 좋다.

그런데 왠지 나는 금사빠에서 '금(=금방)'이란 말이 자꾸 마음에 걸린다. 금방이라는 점을 수도 없이 찍어서 연결하면 아름다운 인생이 될까? 과연 그럴 수는 있을까? 나는 아직 잘 모르겠다. 좀 어려운 대목이나, 여하튼 청춘은 시대의 안테나이니만큼, 늘 사조와 물결의 선단, 첨단에 서 있어야 한다. 금방이란 '타이밍', 바로 지금-여기이다. 청춘의 한 시절. 한복판을 말한다. 자신이 시대의 중심에 서서. 사랑하고 고뇌해 볼만하다.

　사람은 잃어버릴(혹은 잃어버린) 시간을 기록하고 기억하고자 한다. 역사는 기록하고, 사랑은 기억한다. 사람의 기억은 추억으로 유지된다. 이 추억도 소멸해간다. 그래서 아프다. 몸은 '아홉 개의 구멍이 난 상처'라고 했지 않은가. 이 찔찔대는 상처들을 데리고 서로 사랑하면서 잘 살아남아야 한다. 일단 금사빠도 좋다!

최 재 목

현재 영남대학에서 철학(동양철학)을 강의하는 최재목은 상주군 모동면이라는 시골 산골에서 태어나, 어릴 적부터 시를 쓰기 시작하여, 고등학교 때부터는 본격적인 시작(詩作) 활동을 하였다. 대학 시절에 첫 시집을 내며 왕성한 작품 활동을 하였다. 1987년 일본 유학을 하던 때 대구매일신춘문예에 '나는 폐차가 되고 싶다'는 시로 등단하였다. 이후 철학 교수가 된 뒤에 『나는 폐차가 되고 싶다』, 『가슴에서 뜨거웠다면 모두 희망이다』, 『길은 가끔 산으로도 접어든다』, 『해피만다라』 등의 시집을 낸 바 있다. 특히 딱 열(10)자로만 쓰는 이른바 '열자 시'를 처음 시도하여, 『잠들지 마라 잊혀져간다』로 엮은 바 있다.

최재목은 시인으로 활동하면서, 틈틈이 그린 그림과 에세이를 담아 『시를 그리고 그림을 쓰다』라는 책을 펴냈다.

또한 세상과의 걸림 없는 글쓰기에 대한 구상을 풀어낸 『늪-글쓰기와 상상력의 유비쿼터스 네트워크-』, 네덜란드에 머물며 유럽의 이곳저곳을 여행하면서 인문학-철학의 안목에서 그 풍경과 의미를 스케치한 『동양철학자 유럽을 거닐다』와 같은 책을 펴냈다.

최재목은 그동안 전문적인 철학 활동 외에도 칼럼니스트로, 미술·사진·문학·예술 등의 문화평론가로서 활동하며, 많은 철학-인문학-문화-고전에 대한 대중강의를 해오고 있다. 이러한 최근의 활동은 『터벅터벅의 형식』, 『길 위의 인문학-회(希)의 상실, 고전과 낭만의 상처』, 『상처의 형식과 시학』으로 일부 드러나고 있다.

최재목의 횡설수설

터벅터벅의 형식

초판 인쇄 | 2018년 1월 20일
초판 발행 | 2018년 1월 20일

지 은 이 최재목

책 임 편 집 윤수경

발 행 처 도서출판 지식과교양
등 록 번 호 제2010-19호
주 소 서울시 도봉구 삼양로142길 7-6(쌍문동) 백상 102호
전 화 (02) 900-4520 (대표) / 편집부 (02) 996-0041
팩 스 (02) 996-0043
전 자 우 편 kncbook@hanmail.net

ISBN 978-89-6764-108-5   03100   정가 13,000원